熱狂的なファンを生み出す

# 「世界観」のつくり方

HOW TO CREATE
A WORLDVIEW

イ・ジヒャン 著
李 聖和 訳

日本実業出版社

# HOW TO CREATE A WORLDVIEW

by LEE JIHYANG

## はじめに

# 〝世界観〟という不思議な世界

〝世界観〟と聞くと何が思い浮かぶでしょうか。私は、この単語を聞いてイメージするものが2015年頃から変わったように思えます。

それ以前であれば、〝世界観〟とは、世界を見るひとつの観点、特定の見解であると考えたでしょう。弱肉強食の理論で世の中を見るか、あるいは人間の善なる意志と連帯が世界を救うと信じるか、はたまた宗教的か唯物論的か……。このように、当時は〝世界観〟といえば、辞書にあるような〝世界およびそのなかで生きている人間に対して、人生の意義や価値という点からみた統一的な見解〟のことでした。ですから、誰かが「私たちは世界観が違うから一緒にやっていけない」と言ったとすれば、それは、

「世界の見方が根本的に違いすぎて合意点を見出せない」という意味でした。

この「はじめに」を書くために、ウォーミングアップ（と書いて現実逃避と読む作業）と称してネットサーフィンをしていた私は、ついに腹を括り〝世界観〟というキーワードで1990年から2015年までの記事を検索してみました。ほとんどの記事で、先に述べたような辞書的な意味で〝世界観〟という単語が使われていました。ごく稀に、辞書の定義とは異なる意味での〝世界観〟が登場することがありましたが、それはほぼゲームに関する記事でした。

たとえば、2002年の『リネージュII』（中世を舞台とするMMORPG（多人数同時参加型RPG）であり韓国初のインターネット基盤オンラインゲーム）について書かれた『京郷新聞（キョンヒャン）』の記事では、「このゲームの世界観は前作の『リネージュ』を踏襲したもの」と説明しています。この記事でいう〝世界観〟は、当時の感覚では、ゲームやサブカルチャーを好む特定の消費者層のみが使う業界用語に近いものでした。

そういったニッチな用語としての〝世界観〟への言及が爆発的に増え、大衆の脳裏に刻まれるようになり始めたのは2010年以降のことです。**マーベル・ユニバース**と**マーベル・シネマティック・ユニバース**を指す**マーベルの〝世界観〟**が登場したのが、ちょうどその頃でした。

そうやって歳月が流れた今、検索ポータルサイトを開いて〝世界観〟というキーワードで検索すると、どんな記事が出てくるでしょうか。ざっと探してみたところ、次のようなヘッドラインがヒットしました。

●『エターナルズ』、MCU[1]の新たな**世界観**を拡張　驚異的なビジュアルと個性的なキャラクター

1　『Herald POP』2021年10月21日　MCUはマーベル・シネマティック・ユニバースの略

●パク・シネの結婚を祝う〝キム・タン〟・〝ファン・テギョン〟**世界観**の衝突現場[2]

●最強チャンミン〔東方神起のメンバー〕「実は〝KWANGYA（クァンヤ）〟の**世界観**よく知らない　黙ってついていきます」[3]

●消費者に感性と**世界観**を　そうすれば財布の紐が緩むだろう[4]

そうです。今の時代、「昔の人」扱いされないためには「世界観が違うから一緒にやっていけない」と言われたら、「あんたはaespa（エスパ）のファンだからKWANGYAで暮らせば？　私はARMY〔BTS（防弾少年団）のファンの名称〕だから蝶を追うわ〔BTSの代表曲「Butterfly」をはじめ、BTSの世界観を象徴するモチーフのひとつとして蝶がたびたび登場する〕」と言い返したいものです。

ゲーム、武侠（ぶきょう）、ＳＦなど、物語基盤のコンテンツで〝世界設定〟を意味する概念としての〝世界観〟が、いつからかエンターテインメント産業で重要な役割を果たすようになりました。10年前に始動したマーベル・シネマティック・ユニバースの世界観の勢いも依然衰えていませんが、文化産業のみならず、大衆の好みを意識した消費財を扱うほとんどの企業が、世界観に熱を上げています。

最新の流行やトレンドに敏感な企業名と、〝世界観〟というワードを一

2 『ＳＢＳ芸能ニュース』２０２２年1月24日　パク・シネはドラマ『相続者たち』でキム・タン（イ・ミンホの役名）とカップルを演じ、ドラマ『美男〈イケメン〉ですね』ではファン・テギョン（チャン・グンソクの役名）と恋に落ちる役柄だった

3 『ＳＢＳ芸能ニュース』２０２２年1月17日　ＫＷＡＮＧＹＡは韓国語で「荒野」の意。ＳＭエンタテインメント所属アーティストであるａｅｓｐａ（エスパ）の楽曲に登場する仮想世界。ＳＭエンタテインメントはＢｏＡなどのアーティストや、東方神起、少女時代など多くの人気グループを輩出した韓国大手芸能プロダクション

4 『Chosunbiz』２０２２年1月24日

緒に検索してみてください。おそらく、どの企業も自社の世界観をつくり上げ、それを活用することに力を入れているでしょうし、他の業界の世界観ともコラボレーションを展開し、積極的にブランドマーケティングに乗り出しているはずです。

物語芸術の構成要素を、ビジネス産業のブランディングやマーケティングのツールとして活用することは、特にめずらしいことではありません。10年ほど前に流行した**〝ストーリーテリングマーケティング〟ブーム**もその一例です。それでも、今や〝世界観〟というキーワードは、当時よりも実質的かつ実用的な方法論として使われているように感じます。**新しい目線で商品をリブランディングするために、「何を」すべきかという問いを投げかけたのが〝ストーリーテリング〟だったのに対し、〝世界観〟は、その実務的な手法として「どうやって」を構築していく段階**だといえるでしょう。

私は現在「安全家屋」という制作プロダクションで、コンテンツの企画・開発を統括するチーフストーリープロデューサーを務めています。その前は、映画のシナリオやドラマの台本などの映像作品を執筆し、学生たちにストーリーテリングや物語を教える仕事をしていました。グローバルOTT〔インターネット上のストリーミングサービスを通じて動画コンテンツを配信すること〕プラットフォームマーケティングのローカライゼーション業務に携わっていたこともあります。映画を専攻していた学生時代も含めると、作品の開発や分析、紹介に多くの時間を費やしました。

その過程で私は、時代の流れとともにどのような物語用語が生まれ、そして消えていったかを肌で感じてきました。〝キャラクター〟〝事件〟〝葛藤〟〝欲望〟は、時代を問わず使われる頻出用語です。そしてはっきりいえるのは、ここ数年で〝世界観〟という用語が新たに加わったということです。会社の同僚たちとコンテンツを企画するとき、作家と作品を開発するとき、開発中の作品をレビューするとき、そして、おもしろく有意義な物語をどうすれば世界に広く知らせられるかについて考えるとき、私たちはしばしば〝世界観〟について語ります。

そのため、この本の執筆を機に、世界観についてもっと深く考えてみたかったのです。

**あちこちで言及される世界観とはいったい何なのか。**

**世界観をつくりたいと思ったら、どこから手をつけ、どうやって組み立てればいいのか。**

**そうやってつくられた世界観をどのように活用すべきか。**

こうしたことについて、皆さんと一緒に考えていきたいと思います。

本題に入る前に、この本を手に取ってくださった読者の皆さんに伝えておきたいことがあります。私は決して世界観に精通した専門家ではありませせん。世界観がまだ注目されていなかった頃に、その重要性にいち早く気づいたわけでもありません。私の関心は、制作プロダクションのプロデューサーとして、拡張性のある物語をつくることにあります。自分だけがおもしろいと思って終わるのではなく、より多くの人々に楽しんでもらえる物語をつくりたいのです。それをうまくやり遂げることが私の職業的目標であり、そのためには内側と外側の両面でしっかりと戦略を立てる必要があります。物語そのものの完結性に加え、完成したコンテンツがどうすれば最大限の影響力を持てるかを、企画の段階から考えなければなりません。この壮大な目標を達成するには、世界観をつくることが不可欠なのです。

これからお話しする内容は、ストーリーコンテンツを企画し、制作する立場の人間として、私が実際に仕事をしながら問題に直面するたびに悩み、考えたことをもとに選び出したものです。**なぜ世界観が必要なのか、どこまで必要で、あるときは必要ないのか、良い世界観とはどのようなもので、**

**その基準はあるのか、魅力的な世界観を自分のコンテンツにどう取り入れるか**など。いってみればこれらの悩みは、良い物語をつくりたいという欲望の表れです。

すでに世界観に関する専門知識を備えているベテラン創作者や業界従事者は、本書の読者として想定していません。〝世界観〟という言葉は知っているけれど、具体的なイメージがつかめない方、創作や他の仕事で世界観をつくらなければならないのに、どうやって始めればいいか悩んでいる方、コンテンツ業界で実際に世界観をどのようにつくり、活用しているのかを知りたい方に読んでいただければ、より実践的な知識として役立ててもらえるのではないかと思います。

それでは、一緒に〝世界観〟という不思議な世界を覗いてみましょう。

2023年7月

イ・ジヒャン

# 「世界観」のつくり方
# もくじ

第3章

# 世界観をうまく活用したコンテンツ

# Part Ⅱ 世界観をどうやって構築するか
## ――4つの必須要素

## 第4章 キャラクター

第5章

# 時空間



第6章

# トーン&ムード

第7章

## 設定



第8章

## 世界観を構築する際の注意点

## Part III 世界観をどう活用するか

ブックデザイン／沢田幸平（happeace）
イラスト／富田　茜
ＤＴＰ／ダーツ

※訳注は〔　　〕で示した。
作品に添えた（　　）内の年数は原地公開・放送年。

# Part I

# 世界観とは何か

## 第1章

## 世界観って何だろう?

# 忘れられない怪作の思い出

人生に深く残るような名作でもなく、考えてみれば怪作に違いけれど、なぜか心に残っている作品、時折思い出す映画や小説、物語はありませんか？　私にとっては、1990年代初頭にKBS（韓国放送公社。韓国の公共放送局）の〈土曜名作映画〉で偶然観た『ハワード・ザ・ダック』（1986）がそうでした。

当時小学生だった私が、夜に眠い目を擦りながらこの映画を観ることになったのは、予告編に登場した主人公ハワードの外見がきっかけでした。ドナルドダックにそっくりなその姿を見て、ディズニーアニメが好きだった私はてっきり「ドナルドダックが出てくる実写映画なのかな？」と期待に胸を膨らませて映画を観始めました。

結論からいうと、まったく別の話でした。

まず、ハワードはドナルドダックどころか、ディズニーアニメに出てくるどのキャラクターとも似ていませんでした。無愛想でもどこか間抜けな魅力を持つドナルドダックとは違い、ハワードはシニカルでふてぶてしく、しかも地球上の生物でもありません。宇宙人です。ハワードは他の惑星にある自宅でテレビを見ていたところ、思いがけず地球に送り込まれた異星人のアヒルです。この映画は、ハワードが地球に着いてから初めて出会ったロック歌手のヒロインの家に居候しながら、もとの星に帰るべく宇宙の魔王と対決する物語で、その過程で芽生えるヒロインとの恋を描いたドタバタコメディアドベンチャーです。

この映画に心を掴まれた理由は、幼い私の常識をいろんな意味で覆す作品だったからです。それまで、人間のように言葉を話し行動する動物が主役の映像物といえば、アニメや子ども向けの人形劇でしか見たことがありませんでした（E.T.は宇宙人なので除きます）。擬人化されたアヒルが実写映画の主人公として登場し、人間社会に違和感なく溶け込んでいる姿はとても新鮮でした。それに、擬人化された動物というと、普通は「かわいい系」であることが多いのに、ハワードはシニカルなジョークを飛ばすアンチヒーロー型の主人公です。

それだけではありません。映画のなかの人物たちは、いともたやすくこの〝人語を話すアヒル〟を受け入れています。はじめは驚いたにせよ、会ってすぐに事情を理解し、関係を築き、彼を故郷の星に帰すために手助けします。そうするうちに、別の星からやってきた異星人も登場します。

私にとってこの映画は、その後数年が経ってからビデオを借りてもう一度観るほど印象的でした。年齢制限なしの映画なのに、テレビ放映版にはなかった過激なシーンが多々あり、驚いた記憶があります。物心ついた頃だったので、同じ時期に観た『インディ・ジョーンズ』や『バック・トゥ・ザ・フューチャー』と比べるとあまりに幼稚に感じられましたが、それにしては雰囲気が暗すぎたりと、どことなく歪な印象を受けました。それでもなぜか心惹かれたのです。

その後、この映画のことはしばらく忘れていましたが、再び思い出したのは『ガーディアンズ・オブ・ギャラクシー』（２０１４）が公開されたときです。主人公のスター・ロードがパワーストーンの取引のためにコレクターの戦利品倉庫を訪れたとき、シルエットで登場し、エンドロール後のおまけ映像で顔が映る〝話すアヒル〟。それがハワードだったのです。「あんたがなぜここに⁉」と驚かされました。

１９９０年代初頭はインターネットが何かもよくわかっていませんでしたが、２０１４年にはスマートフォンがありました。さっそく検索してみたところ、『ハワード・ザ・ダック』に関する３つの事実を知りました。

まず、ジョージ・ルーカスが制作したこと。次に、その年のゴールデンラズベリー賞〔毎年「最低」の映画に贈られるアメリカの映画賞。ラジー（Ｒａｚｚｉｅ：あざ笑う、やじる）賞とも呼ばれている〕の授賞式で、最悪の特殊効果賞、新人賞、脚本賞、作品賞を受賞し、評価、興行ともに散々な結果に終わったこと。最後に、これがマーベル・コミック〔ＤＣコミックスと並ぶアメリカ大手の2大コミック出版社のひとつ。２００９年、ウォルト・ディズニー・カンパニーがマーベル・エンターテインメントを買収しディズニー傘下となった〕原作の初の長編映画であるということです。

それでようやく疑問が解けました。なぜ、子ども向けなのか大人向けなのかよくわからない中途半端な（私のようなオタクしか食いつかないような）作品になったのか。その理由は、『ハワード・ザ・ダック』の原作であるマーベル・コミックの世界観と、全年齢を対象とした映画の脚色の方向性とのあいだで衝突が起こったからです。進化したアヒルが暮らすパラレルワールドの〝ダックワールド〟とシニカルで風刺の効いたハワードの物語が、子どもも観られる冒険ものとしてつくられた結果、方向性を見失ってしまったのです。それでも、私はその映画を楽しく鑑賞しましたが。

ハワードは、その後『ガーディアンズ・オブ・ギャラクシー：VOLUME 3』（2023）や『アベンジャーズ／エンドゲーム』（2019）でもカメオ出演し、ディズニープラスのアニメーションシリーズである『ホワット・イフ…？』（2021）にも短く登場しました。今後しばらくハワードを主人公とした作品が出ることはないかもしれませんが、マーベル・シネマティック・ユニバースで、このアヒルがどんな姿で出演するのか楽しみです。

ところで、このあたりで気になってくるかもしれません。『ハワード・ザ・ダック』

に登場するハワードと、『ガーディアンズ・オブ・ギャラクシー』に登場するハワードは同じハワードなのでしょうか？　まず、私の答えはこうです。

**同じでもあり、別でもある。**

無責任な言葉に聞こえるでしょうか。それでは、こう考えてみてはどうでしょう。

映画『ハワード・ザ・ダック』のハワードと『ガーディアンズ・オブ・ギャラクシー』のハワードは、**マーベル・コミックの世界観**を共有しているという点では同じキャラクターである。しかし、映画『ハワード・ザ・ダック』は、**マーベル・シネマティック・ユニバースの世界観**には含まれないため、『ハワード・ザ・ダック』のハワードと『ガーディアンズ・オブ・ギャラクシー』のハワードは別のキャラクターである。

映画『ハワード・ザ・ダック』は、同名のキャラクターが登場するマーベル・コミックを原作としています。ハワードのフルネームは「ハワード・ザ・ダック」で、映画の原題と一致しています。マーベル・コミックは、私たちのよく知るアイアンマン、スパイダーマン、ハルクなどが主役のスーパーヒーローものをはじめとするグラフィックノベルの出版社です。スーパーヒーロー、パラレルワールド、宇宙人の侵攻、宇宙戦争、インフィニティ・ストーンなどからなる壮大な世界観を共有し、さまざまな作家がそれぞれのストーリーを生み出しています。

一方、マーベル・シネマティック・ユニバースは、マーベル・コミックを原作としてマーベル・スタジオが制作した、スーパーヒーローたちがフランチャイズ化された世界観を指します。この世界観を共有する映画は、マーベル・コミックを原作としながらも、必ずしもコミックのあらすじどおりに物語が展開するわけではないという特徴があります。また、マーベル・コミック原作の作品がすべてマーベル・シネマティック・ユニバースとして一括りにされるわけでもありません。ケヴィン・ファイギがマーベル・スタジオの社長に就任した2007年以降に制作された『アイアンマン』

（2008）を皮切りに、マーベル・シネマティック・ユニバースの世界観を共有する作品が生まれています。つまり、**1986年にユニバーサル・ピクチャーズが制作した『ハワード・ザ・ダック』はマーベル・コミック原作ですが、マーベル・シネマティック・ユニバースには属さない**のです。

## 実在しそうな架空の世界

それでは、〝世界観〟とはいったい何なのでしょう。

「はじめに」で述べたように、この本で扱う〝世界観〟とは、現実世界とは異なる事件や要素でつくられた**〝架空の世界〟**（fictional universe）、そして、その世界を構築する骨組みともいえる**〝世界設定〟**（worldbuilding）を意味します。

前述の『ハワード・ザ・ダック』を例に挙げてみましょう。

一般的に、**物語の3大要素は「人物」、「事件」、「背景」**といわれます。『ハワード・ザ・ダック』の主要〝人物〟、つまり主人公は、人間のように人語を話し、行動するアヒルです。〝事件〟は、地球に落とされたこのアヒルが、宇宙の怪物からの攻撃や惑星間の移動（ワープ）という困難を乗り越え、故郷の星へ帰るための冒険です。〝背景〟は、米オハイオ州のクリーブランドが主な舞台として設定されていますが、オープニングでハワードが住む惑星（ダックワールド）も短い室内シーンを通じて描かれています。

しかし、このような材料をもとに筋の通った物語をつくるには、いくつかクリアしなければならない課題があります。基本要素だけを考えれば、今、私たちが住む世界ではとうていありえない話だからです。人間のように話し、行動するアヒルは現実には存在しません。宇宙生物からの攻撃や惑星間の移動も、現代の科学技術では実現できない領域です。ハワードの故郷である〝ダックワールド〟の存在も説明がつきません。

とはいえ、だからといって物語がつくれないわけではありません。ユヴァル・ノア・ハラリの著書『サピエンス全史』では、〝**想像**〟**と**〝**虚構**〟**の世界をつくり出したこ**

**とこそが、人類の文明発展の第一歩だった**と述べられています。私たちはすさまじい想像力を発揮することで、特別な人物が存在しながら特殊な事件が起こる〝実在しそうな〟架空の世界を創造することができます。時空間的背景とその他の必要なルールを設定し、ひとつの〝世界観〟を生み出すのです。

したがって、『ハワード・ザ・ダック』では〝アヒル人間〟が存在できるよう、〝ダックワールド〟という惑星がつくられました。原作のマーベル・コミックではマルチバース（多元宇宙）の世界観があり、〝ダックワールド〟は人間のように進化したアヒルが支配する世界、つまり地球のパラレルワールドとして描かれています。

マーベル・シネマティック・ユニバースの映画公開が世界的なイベントとなった現在では、マルチバースは大衆にある程度、馴染みのある概念となりましたが、1980年代にはまだマニアックな設定でした。そのため、映画の〝ダックワールド〟はパラレルワールドではなく単なる宇宙の惑星として描かれ、ハワードは宇宙生物に脚色されました。ともかく、ハワードが宇宙人であれ人間のように進化したアヒルであれ、この作品で物理学的・生物学的整合性はさほど重要ではありません。それよりも、**物語的な〝蓋然性〟**と、実際にあり得るかもしれないと思わせる**〝想像力〟**のほうがはるかに大事なのです。

世界観は、『ハワード・ザ・ダック』のように未来や宇宙を背景とした物語にだけ必要なのではありません。J・R・R・トールキンは、「地面の穴のなかに、ひとりのホビットが住んでいました」という書き出しで有名な『ホビットの冒険』から始まり、『指輪物語』へと続く壮大な中つ国（ミドルアース）の世界観を創造し、ファンタジー小説の歴史に新たなページを刻みました。

また、武侠作品の作家たちは、史実とファンタジーを織り交ぜて物語をつくるために、時代、門派〔一門の流派〕、武功〔武侠に登場する超人的な戦闘技術〕、招式〔攻撃や防御の連続動作〕などの設定を組み合わせて独自の世界観を構築しています。他にも、さまざまなストーリーコンテンツで必要とされる世界観が絶えず生み出されています。そしてこの世界観という概念は、今やフィクション以外の分野でも活用されています。

## 世界観はどこにでも存在する

伝統的なストーリーコンテンツに〝世界観〟が存在する理由は、より新しく、よりおもしろい物語をつくるためです。世界観をもとに時空間を設定し、キャラクターを設計し、物語の主要な要素に説得力を持たせるのです。一方で、一見、ストーリーコンテンツとは無関係に見えるビジネス領域でも、世界観の重要性が次第に高まっています。

ストーリーテリングは、今やビジネスには欠かせないマーケティング戦略のひとつです。認知心理学者ジェローム・ブルーナーによれば、**人は物語を通して情報に接した場合、そうでないときよりも22倍も情報を記憶しやすくなる**とされています。[5] これを最大限に活用したのが、アップルの創立者でありピクサーの筆頭株主であった**スティーブ・ジョブズ**です。ジョブズ自身が優れたストーリーテラーであったということ自体がストーリーテリングの素材となり（映画にもなりました）、彼の死後もなお、アップルのブランディングに大きな影響を与え続けています。

ストーリーを通じて自社の商品情報を発信し、それによって数多くのライバル商品を退け、消費者の記憶に深く刻まれることはとても重要です。しかし、ここで考えなくてはなりません。優れたストーリーテリングで素晴らしいPRをしたとします。そして、その商品を消費者に強く印象づけました。しかし、人の記憶力には限界があります。完結したひとつの物語が消費されるのには有効期限があるわけです。

私は、子どもの頃に本や映画をかなり読んだり見たりしましたが、細かい内容を忘れてしまったものも多く、たしかに感銘を受けた作品なのに、あらすじすらまったく思い出せないことも往々にしてあります。時間が経って興味が薄れたり、新しい情報が入ってきたりすることで、古い情報は次第に記憶から消えていくのです。では、**どうすれば顧客に忘れられることなく、物語や商品に関心を持ち続けてもらえるでしょ**

5 マシュー・ルーン『ピクサー・ストーリーテリング』（The Best Story Wins）パク・ヨジン訳、現代知性2022、32頁（邦訳書未刊）

**うか。**そのために世界観が必要であるということを見抜いたのが、ビジネス業界でした。

アイドル産業は、世界観を積極的に取り入れている代表的なビジネス分野です。ＳＭエンタテインメント（5ページ、注3参照。以下ＳＭ）は、アイドルグループのＥＸＯ〔エクソ。デビュー当初12人で結成された男性グループ。太陽系外惑星を意味する「Exoplanet」がグループ名の由来〕を通じて、世界観の導入を初めて試みました。

テレビで初めてＥＸＯを見た日のことをよく覚えています。ＥＸＯがデビューした２０１２年。当時の私は、ＳＭが新しいボーイズアイドルグループをつくったことくらいしか知りませんでした。それが、ある音楽番組でＥＸＯが自己紹介をする場面を偶然目にしたのです。

あるメンバーが、**「僕たちはＥＸＯプラネットという未知の惑星からやってきた」**と言いながら、それぞれのメンバーが水や風を操り、瞬間移動などの超能力を使えると説明し始めたとき、私は耳を疑いました。その話をしている当事者ですら、目が泳いでいたのをよく覚えています。思わずぽかんとしてしまいました。〝マグル（ファンではない一般人のこと。J・K・ローリングが『ハリー・ポッター』シリーズで魔法を持たない人の意味で使ったのが由来）〟の私には知る由もありませんでした。それこそが、本格的なSMの世界観の誕生だったことを。EXOの初期の世界観について、デビュー曲『MAMA』のミュージックビデオには、次のようなナレーションがあります。

かつて空と地がひとつだった頃、12個の伝説の力によって生命の樹が育まれていた。赤い気を宿す目が悪を生み、生命の樹は蝕まれ、その心臓は枯れつつあった。その心臓を守るべく樹を2つに分けて隠すと、時間は覆され空間に歪みが生じた。12個の力は半分に分かたれ、そっくりな2つの太陽がつくられた。そっくりな2つの世界へと、伝説はそれぞれ動き出した。2つに分かれた伝説は、同じ空を仰ぎながらも異なる地を踏み、同じ地を踏みながらも異なる空を仰ぐだろう。（中略……）赤い気を完全に浄化し、12個の力が再びひとつの根のもとに集まる日、新たな世界が拓かれるだろう。

ＥＸＯのメンバーを象徴する12個の力、２つのパラレルワールドで双子のように分かたれたＥＸＯ－Ｍ（中国で活動するメンバーのチーム名。ＭはMandarinを表す）とＥＸＯ－Ｋ（韓国で活動するメンバーのチーム名。ＫはKoreanを表す）、記憶を失った地球では覚醒しない超能力、いつかは敵を倒しひとつにならねばならないという使命。これがＥＸＯの世界観のベースとなったのです。

ＳＭのいわば第１世代のアイドルであるＨ．Ｏ．Ｔ．と第２世代の東方神起も、特定のキャラクターや固有のカラーが与えられていましたが、ファンタジーやスーパーヒーローの設定を本格的に取り入れて世界観をつくったのは、第３世代のＥＸＯが初めてでした。そしてこの世界観は、一介のマグルであった私の予想とは違い、ファンの求心点となったのです。

なぜでしょう？　音楽性やパフォーマンス、メンバー個々の魅力はさておき、ここでは世界観がもたらした効果についてのみ考えてみましょう。その後に誕生した、ＮＣＴ、ａｅｓｐａなどのＳＭアイドルに加え、ＢＴＳをはじめとする他の事務所のアイドルについても、大きく見れば同じことがいえるかもしれません。

Part I

# 世界観とは何か

## 第 1 章　世界観って何だろう?

まず、**アイドルの世界観は基本的に、ヒントを撒いておきながら簡単には答えを教えない、謎解き構造**になっています。人間の脳は、まったく関係のない個別の要素でも互いに結びつけ、それらのあいだに因果関係を見出そうとする習性があります。意味を探索することは、生存のために私たちの脳が遂行する最も基本的な機能です。[6]ましてや、好きなものに関するヒントならどうでしょう。ファンはみな、自分の愛するアイドルの周りに散りばめられた不親切な伏線を読み解くために、彼らの音楽や派生コンテンツを何度も繰り返し体験します。そして、それについて語り合います。他のファンたちと、あるいは今後ファンになる人たちと。

情報や感想を共有し、記録を残し、愛情を育みながら互いにより密接につながり合います。**ファンダム**〔ファン（fan）と勢力の範囲（-dom）を組み合わせた造語でファンの集団を意味する〕は、このような過程を経て誕生するのです。そして、そのファンたちはもはや単なる芸能人のファンに留まらず、特定の世界観を共有する特別なコミュニティの一員となります。こうして、ヒントが次々と与えられ、それに対する考察が生まれ……既存の世界観をもとに、新しい物語がつくられることもあります。こうなると、さっき述べたような忘れられる暇などありません。

次に、**日常とはかけ離れたこのような新しい世界観は、脳裏に深く刻まれます。**私は特にEXOのファンというわけではありませんし、他のアイドルに夢中になった経験もありません。そんな私が、2012年のある番組で自分の超能力を紹介しながら動揺していたメンバーの姿を、なぜ覚えているのでしょう？　それはまさに、アイドルに超能力を与えるという発想自体が異様であり、新鮮だったからです。

宇宙の惑星から超能力者がやってきたというシンプルな内容ですが、**この設定は人々に、「なぜ来たの？」「今は何をしてるの？」「その後はどうなるの？」というふうに、次の物語を想像させます。**だからこそ、企業は世界観に没頭せざるを得ないのです。消費者のあいだで長く話題になるような物語で裾野を広げるために。

6　アリソン・ゴプニック、アンドリュー・N・メルツォフ、パトリシア・K・カール『赤ちゃんはどうやって学ぶのか』(How Babies Think: The Science of Childhood) クァク・クムジュ訳、dongnyuk science 2008（邦訳書未刊）

ＺＥＰＥＴＯ（ゼペット）、Ｒｏｂｌｏｘ（ロブロックス）などの**「メタバース」**と呼ばれる仮想空間プラットフォームの登場に伴い、消費者は新しい世界に自ら飛び込み、その世界観の一部になることもあります。メタバースの仮想空間では、アバターを通じて新しい人格が与えられた世界観に、現実のオブジェクトが加わります。

２０２２年10月時点で加入者数３億４０００万人を突破したＺＥＰＥＴＯには、グッチ、ディオールといったグローバルブランドからＵＧＧ、学校の制服に至るまでさまざまなブランドが出店しており、サムスン電子、ヒョンデ自動車、スターバックスコリアなど、韓国屈指の企業も参入しています。

ＣＵ（韓国の大手コンビニ）は、ＺＥＰＥＴＯの人気スポットである漢江（ハンガン）公園マップに、ＣＵ ＺＥＰＥＴＯ漢江公園店をオープンしました。プラットフォームユーザーは、自分のアバターを使って、それらのブランドを直接体験しショッピングを楽しむことができます。

一方で、オンラインゲームとゲームプレイヤー、さらには実在するミュージシャンがコラボレーションする場合もあります。新型コロナウイルス感染症の影響でライブエンタメ市場が大打撃を受けた2020年、ヒップホップミュージシャンのトラヴィス・スコットは、ゲーム『フォートナイト』内で**バーチャルコンサート**を開催しました。

このイベントは、世界各地の『フォートナイト』プレイヤーが指定の時間帯にゲームにアクセスすると、3Dモデルのトラヴィス・スコットによるライブパフォーマンスを楽しめるというものでした。当時、このライブは約2000万ドルの売上を記録しました。トラヴィス・スコットが2019年に開催したオフラインツアー「アストロワールド」の収益が170万ドルだったことを考えると、驚異的な成果です。[7]

『フォートナイト』は、自分でゲーム環境をつくることもできる、プレイヤーの関与度が非常に高いゲームです（プレイヤーが各キャラクターに流行りのダンスを踊らせることもできます）。独自のコミュニティとキャラクター設定でプレイヤーが深くのめり込める世界

7 「トラヴィス・スコット、フォートナイトコンサートでオフライン公演売上の〝10倍〟記録」（Inven）2020年12月8日

観をつくり上げた状態で、大物ミュージシャンのコンサートを企画し、世界観を拡張させた代表的な成功事例であるといえるでしょう。

このように、ビジネス業界における〝世界観〟の流行は、ある日突然形成されたものではありません。ストーリーコンテンツの世界観で証明されたファンの熱狂度と忠誠度（ロイヤルティ）は、（〝ストーリーテリング〟がそうだったように）他の産業でも功を奏するであろうと予測されていました。そして今では、ビジネスマーケティングとブランディングのためにつくられた世界観が、逆にストーリーコンテンツの創作にインスピレーションを与えることもあります。コンテンツ業界をはじめ、消費者の心を掴むために奮闘している企業に在籍する人は誰もが共感するでしょう。世界観こそが、今この市場における最も熱いキーワードであることに。

# 第2章

# 世界観はなぜ必要か

## 特定ジャンルのファンを虜にするツール

私が勤めている制作プロダクションは、創作者とプロデューサーが企画から完成までタッグを組み、テキストを超えてさまざまな媒体に展開できる物語をつくっています。そのため、映像、ウェブ漫画などのストーリーコンテンツを制作するほか、配給や投資を行う会社に対して自社で制作した物語を紹介し、相手が求めている物語について話し合う機会が多くあります。

挨拶とちょっとした世間話の後、本題に入るときはたいていこう始めます。

**「どんなジャンルをお探しですか？」**
**「その話はどのジャンルに入りますか？」**
**「SF（などの特定のジャンル）はありますか？」**

両社が作品を紹介したり物色する際、一般的に真っ先に確認するのは**コンテンツの**

**〝ジャンル〟**です。それが最も効率的なコミュニケーションだからです。

犯罪が起きて推理する話なんですけどね、暗くない感じにしたいんです。人が死ぬところまでは求めていなくて……仮に殺人事件が出てくるとしても、残酷なシーンやショッキングな描写は避けたいですね。主人公は刑事みたいに捜索を生業にしている人じゃなくて、推理に長けた一般人にしたいと思っています。とにかく、見ているときも見た後もあまり憂鬱にならないような、明るい結末で終わる話がいいですね。

もし誰かがこうやって、自分の探し求める物語をだらだらと口頭で説明すれば、前置きが長くなってしまいます。こういった属性の物語がこの世にひとつしかないなら、詳細をいちいち説明しなければならないでしょうが、普通は「へぇ、これはおもしろい！」と、自分も相手も思う物語は、高確率で他の人たちも同じように感じるものです。したがって、物語の属性を集めてカテゴリ化した〝ジャンル〟という概念を使って、簡潔に質問できるわけです。こんなふうに。

**コージーミステリー**〔気軽に楽しめる日常ミステリー〕、ありますか？

読者も同じです。世の中には星の数ほど物語があり、それを楽しめる時間は限られています。好みだって無限ではないでしょう。もちろん、選り好みせず幅広いジャンルの物語を好む読者もいるでしょうが（私のように）、そのなかでも、より興味を引かれる物語と、あまり関心が湧かない物語があるものです。

ジャンルは、消費者が物語を選択し、楽しむ上で、有効なガイドラインとなります。

**「ヴァンパイアもの」**を例に挙げてみましょう。

ホラーのサブジャンルにあたるヴァンパイアものには、〝アンデッド（undead）〟の吸血鬼が登場します。吸血鬼に血を吸われた人間もまた吸血鬼となります。これがヴァンパイアジャンルの大前提です。よって、ヴァンパイアものを求めている人にと

 っては、最低限こういった基本的な前提が第一のポイントになるわけです。そして、この前提に抵抗感がある人は、ジャンルを確認することで望まない物語を候補から外すことができます。

鋭い牙で人間の首に噛みつき血を吸う吸血行為、吸血鬼に無惨に殺される哀れな人々、吸血鬼が嫌うニンニクや十字架、吸血鬼の息の根を止める銀の弾丸や心臓に打ち込む杭など。これらの場面が数多くのヴァンパイアものに繰り返し登場しても、それを盗作であるとか陳腐だと思う人はいません。これは、ジャンルものの基本的な**クリシェ**（映画やドラマのなかで特定の状況下で使われる典型的な表現）と**コンベンション**（特定のジャンルで繰り返し描写される慣習的な場面）だからです。

世界観は、物語の内側に細かいルールを加え、読者・観客が作品により没頭しやすくなるよう手助けします。「ルールが多いとかえって物語に入り込みにくくなるのでは？」と思うかもしれませんが、実際にはそうではありません。**世界観をつくるには、ストーリーを構成する人物、事件、背景と密接に関連するルールを設定しなければなりません。**つまり、事件が起こる舞台の土台をより入念につくり込む作業です。

私は子どもの頃、2歳上の兄とよく人形ごっこをしました。メインヒーローはクマ（人形）、メインの悪役はE.T.（人形）でした。その他の人形はそのときどきで適当に二手に分け、国をつくりました。E.T.が悪者だった理由は、それまで兄と私は『E.T.』という映画を観たことがなく、E.T.の外見から、まさか愛らしいキャラクターだとは想像できなかったからです。とにかく、人形ごっこの主なストーリーは、クマの陣地にE.T.率いる軍隊が攻め込んできて、攻防戦を繰り広げ、最終的にクマが勝利するというものでした。

はじめはそんな単純なストーリーから始まりましたが、毎日この遊びを繰り返すうちにだんだん退屈になってきました。そこで、クマの国とE.T.の国という基本設定を組み始めました。それぞれの国の雰囲気、統治スタイル、軍事力や科学技術の差、クマとE.T.の得意技などを細かく設定しました。仮想の国ですが、その姿をより具体的に想像できるようになったことで、兄と私はそのなかでより一層クリエイティブな物語をつくり、遊びに没頭することができたのです。

このように、**世界観をつくるということは、一方では制約を設けることでもありま**

Part I

世界観とは何か

**すが、言い換えれば、可能性の範囲を広げること**でもあります。時には、この過程でジャンルのルールとして何の疑いもなく受け入れられていた古典的なクリシェやコンベンションが崩壊することもあります。

2021年に安全家屋が刊行した、小説家チョン・ソンランによる魅力あふれるヴァンパイアロマンス『夜に訪れる救援者』は、多くの読者に愛された作品です。本作は、〈2021年釜山(プサン)国際映画祭〉のE－IPマーケット〔Entertainment Intellectual Property Market〕の参加作品でもあります。E－IPマーケットは、この映画祭で毎年開かれる**IP（知的財産権）ビジネス**イベントであり、この期間中はさまざまなIPが紹介され、原作の映像化を望む版権元とバイヤー間で取引が活発に行われます。

ここで私は、IPの映像化権の購入を希望する多数のパートナーと会いました。その方々に『夜に訪れる救援者』について説明する際、〝ジャンル〟と併せて何度も強調したのが、**「この作品は固有の世界観がすでにしっかりとできあがっている」**という点です。パートナー会社も、叙情的なヴァンパイアものという作品のムードとユニークな世界観が観客を引き込むポイントだと評価してくれました。最終的に、ここで会った1社と契約を結び、現在ドラマ化に向けて準備を進めています。

『夜に訪れる救援者』は、愛する人をヴァンパイアに殺された刑事のスヨン、ヴァンパイアを愛していたけれどハンターへと転身したワンダ、そして寂しさに耐えきれずヴァンパイアに利用されるナンジュの3人の物語を描いています。小説の舞台は、ヴァンパイアと人間が共存する世界です。この世界では、ほとんどの人々がヴァンパイアの存在を知りません。そして、人間はヴァンパイアを掃討しないという条件のもと、ヴァンパイアも人間を直接襲い吸血する行為を自制しています。

しかし、どこの世界でもよくあるように、ヴァンパイアのなかにこの協約に背く者たちが出てきます。そのため、彼らを処理するためにヴァンパイアハンターが立ち向かいます。政府はまだ、このヴァンパイアハンター組織の存在に気づいていません。また、ハンターとはいえ心証だけでヴァンパイアを殺すことはできず、ヴァンパイアが人間を攻撃する現場を確実に目撃しなければなりません。

この世界観では、ヴァンパイアは太陽の光を嫌いますが（伝統的な設定）、ニンニクにはまったく反応せず、赤い十字架は彼らの象徴となっています。また、ヴァンパイア同士でも互いの縄張りを侵すことは禁忌とされています。

この作品を執筆する際、著者のチョン・ソンランは、ヴァンパイアと人間のあいだで交わされた協約書を実際に作成し、それをもとに世界観を設定しました。推敲の段階で協約書自体は抜くことになりましたが、その内容は作品の世界観の根底をなしています。主人公の刑事とヴァンパイアハンターは、この世界観のなかで対立し衝突します。ヴァンパイアが殺人を犯しているのは明らかなのに、直接その現場を見たわけではないため、殺すことができないのです。

このような世界観だからこそ、**可能性**（ヴァンパイアハンターと刑事の公助捜査）と**制約**（ヴァンパイアが目の前にいても殺せない）が生まれるわけです。

ある世界観では、ヴァンパイアの力をスーパーヒーローのような能力として活用することもあれば（『ブレイド』）、ヴァンパイアという種族に存在論的な質問を投げかけ、新しいヴァンパイアジャンルの典型を開拓することもあります（『ヴァンパイア・クロニクルズ』シリーズ）。また、ヴァンパイアを、血に飢えた吸血鬼に変えてしまう病にかかったマイノリティとして描くこともあります（『ＶＷａｒｓ』）。

このように、同じジャンルといっても、時代や作家の観点によって多種多様な世界観が形成されるのです。**私たちが特定の作品にのめり込み、その物語を愛するようになるのは、作品の持つ固有の世界観のおかげなのではないでしょうか。**

## 成功したコンテンツを拡張させるには

ある物語が終わってしまうのが惜しくて、首を長くして続編を待ち続けたことはありませんか？　私は、小学校の頃、秋夕（チュソク）（旧暦8月15日の中秋節）の映画特集で放映された『風と共に去りぬ』（１９３９）を観て、すっかり心を奪われました。

アメリカ南北戦争当時の人々の生活像を描いたフィクションを映像で見たのは、あれが初めてでした。壮大な映像美に圧倒され、身勝手ながらも魅力あふれるカップル――スカーレットとレット――にどっぷりはまってしまったのです。韓国語ではめずらしい縦書きの古い3冊セットの原作小説が家にあったので、数か月かけて読破したくらいです。

小学生が読むにはずいぶん長く、理解できない部分もたくさんありましたが、それでも映画の内容を振り返りながらじっくりと吟味できました。ですが、本を読み終えても私は満足できませんでした。あの長い本のラストでも、スカーレットとレットは別れたままだったからです。作家のマーガレット・ミッチェルはこの1作だけを残して亡くなっているため、続編が出ることもないと思っていました。

ところが、予想外のことが起きました。『風と共に去りぬ』の続編である『スカーレット』が発表されたのです。『スカーレット』は、マーガレット・ミッチェル財団公認のもとアレクサンドラ・リプリーが執筆した**パスティーシュ**〔フランス語で「作風の模倣」〕小説で、原作の設定をもとに主人公たちの「その後」を描いたものです。

私はこの本が韓国で刊行されるとすぐに買って読みました。最終的にはスカーレットとレットが結ばれるという点で私の望みはある程度、満たされましたが、それを除けばやや残念でした。原作キャラクターの崩壊など、理由はいくつかありますが、おそらく、もとより続編が出ることを念頭に置いていなかった作品であり、作家も変わっているため、原作ファンの期待に応えること自体が難しかったのかもしれません。

読者・観客は、新しい物語を発見することもそうですが、それと同じくらい、あるいはそれ以上に、自分の知っている物語を何度も噛み締めることを好みます。好きな**物語が終わることなくずっと続いてほしいと思う**のです。

幼い頃、J・K・ローリングの『ハリー・ポッター』シリーズに接した子どもたちは、大人になった現在でも、原作小説や映画をはじめ、同じ世界観を共有する『ファンタスティック・ビースト』『クィディッチ今昔』などのスピンオフ作品を楽しんでいます。

2023年2月にアクションRPG『ホグワーツ・レガシー』が発売されると、

子どもの頃からハリー・ポッターのファンである私の友人たちは、退勤後に「ホグワーツ」へ行くのだと喜んでゲームを購入しました。発売から2週間で1200万枚を売り上げ、8億5000ドルの収益をあげたのは、このように変わらぬ愛を注ぎ続けたロイヤルティの高いファンのおかげでしょう。

もし最終的な目標が、長編小説1冊、長編映画1本分の分量で物語を完結させることであれば、世界観はそれほど重要ではありません。むしろ、限られた分量のなかで読者・観客を引き込める魅力的なキャラクターやメインとなる事件を設定し、前半に散りばめた伏線を回収して蓋然性のある物語に仕上げる戦略のほうが重要かもしれません。

世界観がより重要になってくるのは、原作ストーリーを中心に物語を広げたいときです。アンソロジー『大スター』に収録されているイ・ギョンヒの「χ Cred/t」(カイ・クレディット)は、安全家屋主催のコンテストで当選した短編小説です。複製人間が100人もいるソーシャルメディア・スター〝カイ・クレディット〟の死亡事件を、検事と民間調査官が解明していくというストーリーです。

カイ・クレディットは、生命工学会社が１００人の遺伝子サンプルを採取してつくった合成人間で、映像コンテンツを大量に生み出すために複製された計１０１人のカイが活動しているという設定です。小説では、遺伝子を提供した１００人とひとりの代理母がサバイバル番組〈ペアレント１０１〉でカイ・クレディットの親権をめぐって争うなか、番組の最終話を控えて33番のカイと67番のカイが互いに殺し合う事件が発生します。最終的には、検事と民間調査官がこの事件を取り巻く哀しい秘密を発見することで解決に至ります。

この作品が初めて発表された頃、私たちはこの作品を紹介する機会があるたびに、先に述べた奇抜な設定と事件、そして事件の顛末について話しました。そして、著者のイ・ギョンヒとともに、この作品の世界観を共有する長編小説6編からなる「サンドボックス」シリーズを企画・開発することになりました。このシリーズは、私が大好きな作品でもあるイ・ギョンヒ初の長編小説『テセウスの船』と世界観の一部を共有しています。

「サンドボックス」とは「χ Cred/t」の背景となっている平沢（ピョンテク）特別自治市の別称です。近未来の韓国で、駐韓米軍の半数が撤退したハンフリーズ基地に技術規制免除特区が設けられたことをきっかけに、平沢は大韓民国府の半分を吸収し、25年でソウルを凌駕する大都市へと変貌を遂げます。

「サンドボックス」シリーズの世界観の根幹をなすのは、条例や自治原則などが精巧に設計された平沢という都市そのものです。民間調査官という職業も、この世界観のなかで存在するものです。シリーズ1冊目の『砂の都市の人形たち』では、世界観を構成する用語の説明コーナーが設けられています。

世界観は、作家が創作する物語の根幹となるものです。作品のなかですべてが語られるわけではありませんが、海面下に隠れて見えない氷山の基部のように、作品をしっかりと支えてくれる土台の役割を果たします。だからこそ、既存の作品を拡張させるなど、大きなスケールでシリーズを企画する場合には、世界観の設計が欠かせません。

このような観点から考えれば、シリーズもので最も有名な世界観はやはり〝**マーベル・シネマティック・ユニバース**〟でしょう。マーベル・シネマティック・ユニバースは、マーベル・コミックをもとに長きにわたって築き上げた世界観を活用し、32本の映画と7本のドラマ、2編のアニメーションシリーズを発表しています。[8]

マーベル・シネマティック・ユニバースのフランチャイズキャラクターは、ほとんどが単発の映画に留まらず、シリーズ全体を通じてその活躍が描かれます。人物の性格や役割がある程度、確立されているため、作家や監督、さらには俳優が変わっても、キャラクターが大きくブレることはありません。また、あるキャラクターを主役とする作品が、別のキャラクターが主役の作品の物語と緩くつながっている場合も多々あり、このようなキャラクターたちが一堂に会して1本の映画をつくり上げることもあります（『アベンジャーズ』シリーズ）。

そして、こうして構築されたキャラクターを活用した新しい単独作品が生まれるこ

8　2023年5月時点

とで、人気キャラクターが物語のなかで長く生き続けられる足がかりがつくられます。それに伴い、物語も広がっていきます。それぞれのキャラクターのスピンオフは、ジャンル的にさまざまな試みができるチャンスであり、全体の世界観に必要な要素を集中的に説明できる機会としても活用されます。

**世界観の拡張**は、フィクションに限らず、エンタメ産業でも活用されています。特に、コンテンツの持続性と拡張性を目的として、世界観を積極的に取り入れる事例が増えつつあります。K－POPアイドル産業ではすでに導入されているこのアプローチですが、最近ではバラエティ番組でもよく見られるようになりました。

代表的な例として、キム・テホプロデューサー〔斬新なアイデアで数多くの人気バラエティ番組を生み出した韓国を代表するテレビプロデューサー〕が手がける**〝ユ・ジェソク**〔韓国の国民的司会者・コメディアン〕**ユニバース〟**が挙げられます。ユ・ジェソクは、〈無限に挑戦〉〔2005年から2018年まで放映された韓国の大人気バラエティ番組〕時代から〈無限商社〉〔〈無限に挑戦〉のメンバーたちが出演する商社を舞台とした人気コント〕などの派生コントで固定キャ

# 第 2 章　世界観はなぜ必要か

ラを演じてきましたが、〈無限に挑戦〉の放映終了後に、キム・テホプロデューサーに起用されて出演した〈撮るなら何する？〉で、より本格的に〝サブキャラクター〔普段の自分とは違う別の人格やキャラクターのこと〕〟を売りに、さまざまな企画に挑戦しました。〈撮るなら何する？〉のプロジェクトでは、ユ・ジェソクがユニークなキャラクターに扮し、ユ・サンスル〔演歌歌手〕、ジミー・ユ〔芸能プロダクション社長〕、ユ本部長〔サラリーマン〕など、さまざまな役を演じました。これによって、新人演歌歌手の挑戦、小規模芸能プロダクションのレコード制作、〈無限商社〉と世界観を共有するＪＭＴ社の人材発掘など、企画は多岐にわたるものとなり、世界観がさらに拡張されました。

キム・テホプロデューサーが〝ユ・ジェソク〟というキャラクターを大いに活用し、キャラクターを中心とした世界観を構築したのに対し、ＣＪ ＥＮＭ〔韓国ＣＪグループの大手エンタメ会社〕の〈大脱出〉〔謎解き脱出バラエティ番組〕やＴＶＩＮＧ〔韓国のオンラインストリーミングサービス〕の〈女子高推理部〉〔推理バラエティ番組〕では、まず精巧に設計された事件を準備し、その事件に合う人物をあてがう方法が採用されています。

地上波、ケーブルテレビ、ウェブバラエティを問わず、〝世界観〟があるということは、今やそれ自体が作品の**マーケティングポイント**になっているといっても過言ではありません。コンテンツの消費者に対して、世界観そのものがセールスポイントとして重要な役割を果たしているのです。

# 第3章

# 世界観をうまく活用したコンテンツ

コンテンツのつくり手は、どう戦略を立てるか常に頭を悩ませています。人々を新しい世界に引き込み、その世界に興味を持ち続けてもらうために。この章では、世界観を巧みに活用し、そうした悩みを克服した代表的なコンテンツを紹介したいと思います。

## 最も成功を収めたフランチャイズ映画の世界観
### ——マーベル・シネマティック・ユニバース

そうです。21世紀の映画産業を語るにあたって欠かせないコンテンツが、**マーベル・シネマティック・ユニバース**（以下ＭＣＵ）です。２０２３年3月時点で、グローバル興行収入のトップ10にＭＣＵ映画が４本もランクインしています。『アベンジャーズ／エンドゲーム』（２０１９）は28億ドル、『アベンジャーズ／インフィニティ・ウォー』（２０１８）は20億ドル、『スパイダーマン：ノー・ウェイ・ホーム』（２０２１）と『アベンジャーズ』（2012）はそれぞれ19億、15億ドルの売上を記録しました。アメリカ国内に限定すると、『アベンジャーズ』は11位、『ブラックパンサー』（2018）は6位に入っています。

ＭＣＵ映画のように、本編と続編、そして**シークエル（後日譚）**と**プリクエル（前日譚）**へと続く映画を**フランチャイズ映画**といいます。わかりやすい言葉で、〝シリーズ〟です。このフランチャイズ映画はＭＣＵが台頭する以前から、アメリカ映画とグローバル映画市場の興行を牽引してきました。たとえば、『007』『スターウォーズ』『ハリー・ポッター』など、長いものでは数十年前から最近まで新しいエピソードを生み出し続けているシリーズ映画がそれに該当します。

莫大な資本が投入される映画産業の特性上、1本目で成功できなければ後続シリーズをつくることは難しくなります。フランチャイズ化されて数本続いた作品であっても、途中で人気を失えば制作が中断されることもめずらしくありません。そういった意味で、2008年の『アイアンマン』を筆頭に、2023年3月の『アントマン＆ワスプ：クアントマニア』に至るまで、合計40本（映画31本、ドラマ7本、アニメーション

2本）の作品を公開したMCUは、まさにスピードと規模の面で圧倒的な成果を収めたといえるでしょう。

このMCUの成功の裏には、その原作である**マーベル・コミック**があります。今では誰もが、数千人のスーパーヒーローキャラクターと『アベンジャーズ』シリーズの原作を擁する巨大企業として認識していますが、マーベル・コミックが今日の地位を手に入れたのは、わずか10年あまり前のことです。

1930年代後半に設立されたマーベル・コミックは、スーパーヒーローを主人公にしたコミックで地道に人気を集めてきましたが、1990年代半ばには、出版漫画市場の低迷によって破産の危機に陥りました。その後、マーベルはキャラクター玩具メーカーであるトイ・ビズ〔現マーベル・トイ〕と合併し、**「マーベル・エンターテインメント」**という総合エンターテインメント会社を設立します。このマーベル・エンターテインメントの経営陣は、マーベル復活のために新しい事業戦略を打ち出しました。それが、マーベル・コミックのキャラクターが登場するコンテンツを、映画やアニメーションなどのさまざまなプラットフォームに展開するというものでした。そのために設立されたのが**「マーベル・スタジオ」**です。

ご存じのとおり、その後マーベルは快進撃を続けます。はじめは、映画制作のノウハウを持つ大手企業にキャラクターごとに映像化権を売り、コンテンツを制作していましたが（ソニー・ピクチャーズのスパイダーマン3部作など）、ある程度、ノウハウが蓄積されると、2008年の『アイアンマン』を皮切りに、MCUという世界観をもとに最も人気を博したコンテンツを生産し始めました。

長きにわたって愛されてきたフランチャイズ映画には、それぞれ独自の**ストーリーテリング戦略**があります。マーベルにとっては、MCUがその真髄ともいえるものでした。前の章で述べた、需要者の誘引とコンテンツの拡張性、そして精巧化のためにMCUが注力した2つの戦略は特に注目に値します。

## ▩ 5000人のスーパーヒーローに答えがある

1990年代半ば、出版市場の不況によってマーベル・コミックも苦境を強いられました。紙書籍の読者が減少するなか、分厚く複雑なコミックも例外ではありませんでした。当時、マーベルの最大のライバルはDCコミックス（マーベルと双璧をなすアメリカ大手のコミック出版社のひとつ。バットマンやスーパーマンなどのキャラクターを生み出した）ではなく、スクリーンやブラウン管でした。現在、出版社のライバルは他の出版社に留まらず、YouTubeやOTT、さらには登山や植物栽培といった趣味の領域にまで広がっているのと同じ状況です。

マーベルの経営陣は、後続コミックの成功やキャラクター商品事業（2000年代に入る前まではマーベルで最も収益の大きかった分野です）に集中するのではなく、**IP事業**へとビジネスモデルの転換に踏み切ります。すぐには収益化につながらなくても、これまで長きにわたって築き上げた数あるIPを活用し、最もお金が集まる**プラットフォームへの進出**に舵を切ったのです。

倒産の危機に瀕していたものの、幸いマーベルには他の切り札がありました。数十年間マーベル・コミックの世界で活躍してきたスーパーヒーローキャラクターたちです。その数は実に約5000人に上ります。

映像コンテンツをつくるためには、物語が不可欠です。映像化に適したキャラクター、事件、設定をつくるには長い時間がかかります。この段階で作業がだらだらと延びたり、中断するケースも多々あります。その点、マーベルには、長い歳月をかけて築いた不動の人気を誇るスーパーヒーローを主人公とした物語があふれていました。

もちろん、コミックと映像では表現技法が異なるため、原作漫画をそのまま映像化することはできません。そこでマーベルは、**〝キャラクター〟**に注目しました。

マーベル・コミックのスーパーヒーローたちは、性格や設定、主な事件がしっかりとつくり込まれています。マーベルがするべきことは、この数多くのスーパーヒーローのなかから、映像化に適した最善のキャラクターを選び、発展させることでした。

もちろん、最初から順調だったわけではありません。マーベルも手痛い授業料を払わなければなりませんでした。前述のように、当時マーベルは資金不足に悩んでいたため、数年前からソニー・ピクチャーズ、フォックス、ユニバーサル・ピクチャーズに、スパイダーマン、X－MEN、ファンタスティック・フォー、ハルクといったマーベル屈指の人気キャラクターの映画版権を売ってしまっていたのです。

2002年に、スパイダーマンのキャラクターがソニー・ピクチャーズの映画『スパイダーマン』で先に公開されたのもそのためです。サム・ライミ監督、トビー・マグワイア主演のこの映画は、世界的な成功を収めました。作中のスパイダーマンが、メリー・ジェーンに挨拶されたと思ってだらしなく笑うシーンの切り抜き動画は、今でもX〔旧Twitter〕で目にするくらいなので、時が経てばこの作品も古典映画の仲間入りを果たすかもしれません。しかし、ソニー・ピクチャーズが巨利を得る一方で、映画の版権を手放したマーベルはその恩恵を享受できませんでした。

自社のキャラクターを用いた映画が世界的なヒットを飛ばしたにもかかわらず、マーベルが得たものはほぼありませんでした。A級キャラクターたちは敵国に人質に取られた皇太子のように他社の手中に渡り、マーベルの株価は下落の一途を辿りました。

それでも、マーベルは挫折することなく、「いや、まだできる！」（と実際に叫んだのかは定かではありませんが、英語で似たようなことを言ったのでしょう）と一念発起し、大胆な選択をします。スパイダーマンやハルクほどの有名キャラクターは使えなくても、まだ5000人[9]のキャラクターがいるのですから。

マーベルは熟考の末、映像化に最も適したキャラクターを発掘します。こうして、2008年に『アイアンマン』がマーベル・スタジオ制作作品として誕生したのです。

1962年に『テールズ・オブ・サスペンス#39』で初めて登場したアイアンマンは、アメリカの億万長者であり天才発明家のハワード・ヒューズをモデルにしたキャラクターです。もともとはマーベルキャラクターのなかではそこまで人気はありませんでしたが、人情味ある変わり者という独特の魅力によって、MCU映画初の主人公として華々しいデビューを果たしました。

9　2022年時点で約8000人

性格に難ありだけど憎めない、人間味あふれるスーパーヒーローが登場した瞬間でした。これによってマーベルは、コミックキャラクターの発掘と拡張性のあるシリーズづくりに自信を得たのです。今やアイアンマンは、マーベルを代表するスーパーヒーローとしてキャラクター事業と出版事業でも中心的な役割を担い、新たなチャレンジを続けています。

## ■時には別に、時には一緒に、キャラクターをつなげる

魅力的なキャラクターを有する原作を発掘し、シリーズ化することは、MCU以前からすでに映像コンテンツでよく使われてきた戦略です。『007』シリーズはイアン・フレミングのシリーズ小説を原作としており、『ハリー・ポッター』『ロード・オブ・ザ・リング』シリーズなどの巨大資本が投入されるファンタジー作品も、ハリウッド技術の発展に伴い忠実に映像化され、ファンから高く評価されています。もちろん、原作自体がしっかりとした世界観を備えていることはいうまでもありません。

原作をもとにした映画は、原作の世界観をほぼそのまま再現しています。たとえば、

…
!!
IRON MAN!

『ハリー・ポッター』シリーズ（2001～）では、本の刊行順序に沿って、魔法使いの血筋をひく主人公のハリー・ポッターがホグワーツに入学し、魔法の世界を舞台に最強最悪のヴォルデモートを倒し成長する物語が描かれています。『007』シリーズ（1962～）は、映画制作会社のMGMスタジオが、小説の原作者であるイアン・フレミングから買い取った版権を保有しています。

初期のジェームズ・ボンドはスマートなプレイボーイで、スーパーヒーローさながらの強さで任務を完璧に遂行するキャラクターでした。しかし、ダニエル・クレイグが演じる6代目ジェームズ・ボンド以降、過去の特徴は影を潜め、人間的な苦悩を抱えた人物へとキャラクターが変化しました。ジェームズ・ボンドが所属する秘密情報部MI6も時代の流れとともに進化し、女性が局長に就任するなどの変化があります。それでも、**「殺しのライセンスを持つジェームズ・ボンドというイギリス外務省所属の公務員が、国を揺るがす秘密のミッションを遂行する」**という原作の本筋は、厳格に守られています。原作で構築された世界観とプロットの展開は、映画でも大きく外れることはありません。

MCUは、これらのケースとは異なるアプローチで世界観を構築しました。メインキャラクターの**ソロムービー**を制作することでキャラクターを確立させ、これらのキャラクターが集結する**チームムービー**をつくり、個々のソロムービーで描いた設定やキャラクターを有機的に結びつけました。

今となってはそれほどめずらしいことではないかもしれませんが、マーベルがこの手法を導入するまでは、このようなフランチャイズ方式は存在しませんでした。フランチャイズ映画やシリーズものにおいて、主人公以外のキャラクターが人気を得ると、**スピンオフ形式**でそのキャラクターにスポットを当てた作品をつくることはありました。しかし、**チームプレー映画を見越して個々のキャラクターごとに映画をつくり、キャラクターのアイデンティティを深掘りし、作品ごとにつながりを持たせ、ヒントと伏線を随所に仕込んでいくアプローチ**は、マーベルが初でした。

MCUの初の映画『アイアンマン』のポストクレジット〔本編が終わり、エンドクレジットが流れた後に映し出される特別映像のこと〕では、国際平和維持組織「シールド（S.H.I.

E．L．D）」のニック・フューリーが登場し「アイアンマン、君のようなヒーローが他にはいないと思うか」という台詞で、未登場のスーパーヒーローの存在をほのめかします。MCUの第2作目の映画『インクレディブル・ハルク』（2008）のポストクレジットには、アイアンマンのトニー・スタークが出演します。

このように、マーベルは作品ごとに次の作品やヒーロー組織〝アベンジャーズ〟に関するヒントをちらつかせながら、ついにはMCUフェーズ1[10]の集大成として『アベンジャーズ』を世に送り出しました。

実は、MCUフェーズ1で公開された個々のキャラクター映画は、『アイアンマン』を除き、さほど良い評価は得られませんでした。しかし、『アベンジャーズ』の登場によって状況は一変します。『アベンジャーズ』は、前述の個々の映画に登場したスーパーヒーローたちを1本の実写映画に集結させる大規模プロジェクトでした。人々は熱狂し、この作品は歴代興行収入10位圏内に入った初のマーベル映画となりました。

トップクラスの俳優、莫大な予算が投じられた制作規模、複数に枝分かれしていたストーリーを、キャラクターを中心につなぎ合わせ、ひとつのチームを結成し大事件を解決していくという滑らかな展開に至るまで。**人々は、数年にわたってキャラクターを結びつけ、ついにはひとつのチームに集結させる壮大な世界観に快感を覚えました。**「こんなことができるなんて!」という驚きと感動があったはずです。

これまで映画になったスーパーヒーローのうち、たったひとりのキャラクターのファンであったとしても、そのキャラクターが登場する『アベンジャーズ』を観る可能性は高いでしょう。反対に、個々のキャラクターの映画を観ていない人が『アベンジャーズ』にはまった結果、キャラクターの成り立ちが気になって、歴代の作品を探して観ることもあるでしょう。私も、はじめは『アイアンマン』シリーズしか追いかけていませんでしたが、『アベンジャーズ』を観た後で各ヒーローの映画を遡っておさらいしました。

10 フェーズ:MCUの世界観において作品を時系列ごとに分類した単位のこと。フェーズ1の作品には『アイアンマン』(2008)、『インクレディブル・ハルク』(2008)、『アイアンマン2』(2010)、『マイティ・ソー』(2011)、『キャプテン・アメリカ/ザ・ファースト・アベンジャー』(2011)、『アベンジャーズ』(2012)が含まれるその後、大きな事件をフェーズごとに分類して展開してきたMCU映画は、現在フェーズ4を迎えています。フェーズ3のスタートを切ったのは、マーベル・コミック4冊分（『シビル・ウォー』『シビル・ウォー：キャプテン・アメリカ』『シビル・ウォー：スパイダーマン』『シビル・ウォー：アイアンマン』）にわたって描かれた主な事件のうちひとつを取り上げた**『シビル・ウォー／キャプテン・アメリカ』**（2016）です。

ここでは、アベンジャーズの能力の使用を制限する「ソコヴィア協定」の発議を起点に、これまでひとつの目標を掲げて力を合わせてきたキャラクターたちが、初めて対立し分裂します。キャラクターを一堂に集めてチームとしての達成感を味わわせた後、内紛を描いてチームを揺るがすことで、個々のキャラクターの物語がより豊かに、立体的なものになったのです。

## 世界観のつながりはバラエティでも
## ――YouTubeコンテンツ

韓国で〝世界観〟といえば、従来はゲームストーリーやファンタジー作品の世界設定を指す業界用語に近いものでした。この概念が広く浸透するようになったのは、2000年代後半にMCU映画が公開されてからです。それ以降、長期間にわたって描かれる物語を基盤としたストーリーコンテンツのみならず、エンタメ産業全般で〝世界観〟という用語が広く使われるようになりました。

用語の使い方も多様化しています。たとえば、2021年のMBC〔韓国文化放送〕の〈歌謡大祭典〉で、ドレス姿の少女時代のユナと近未来的な舞台衣装を着たaespaのカリナが並んで立っているのを見た視聴者は、「絵面が真逆」「世界観の衝突」などのコメントを寄せました。また、作中で犬猿の仲を演じた俳優同士が実際には仲が良かったり、ある俳優と別々の作品でそれぞれ恋人役を演じた2人の俳優が現実の結婚式で顔を合わせたりした際には、**「世界観の衝突！」**と記事の見出しに書かれることもあります。

世界観が〝衝突〟するという言葉が広く使われるようになったということは、**個別のコンテンツの世界観が互いにつながりを持つ可能性がある**こと、そして人々がその**〝つながり〟に深い関心を抱いている**ということの現れなのです。

## ▦ 数珠のように世界観をつなげる

韓国のＹｏｕＴｕｂｅコンテンツのなかで爆発的な人気を誇るコメディバラエティ『ピシク大学』(Psick Univ) は、個別のコンテンツの世界観を柔軟につなぎ合わせながら他の領域にも展開していく、「ピシク大学ユニバース」を構築しています。

２０２０年、地上波で唯一残っていた公開コメディ番組が幕を下ろし、コロナ禍も相まって、テレビ番組以外でコメディを楽しめる機会はめっきり減ってしまいました。

そんななか、コメディアンたちが注目したのが**ＹｏｕＴｕｂｅ**でした。

ＫＢＳの元コメディアンであるチョン・ジェヒョンと、ＳＢＳ〔ソウル放送〕の元コメディアンであるキム・ミンス、イ・ヨンジュが率いる『ピシク大学』は、登録者数２０６万人（２０２3年5月時点）を有するコメディチャンネルです。現在、韓国のオンラインコメディコンテンツのなかで最も人気が高く、絶大な波及力を持つチャンネルといっても過言ではありません。

『ピシク大学』は、短いスケッチコメディよりもやや長めのエピソード型コンテンツがメインとなっています。哀愁漂う50代のお父さんたちの登山人生と癒やしをテーマにした「ハンサラン〔ひとつの愛〕山岳会」、２００5年度に大学に入学した大学生の物語「05学番イズバック」〔学番：韓国で大学に入学した年度を表す言葉〕、そして彼らが大人になり、都市郊外で暮らす30代の暮らしを描いた「05学番イズヒアー」、さらに、さまざまな職業の男性と非対面のオンラインデートをするコンセプトで人気を集めた「Ｂ対面デート」など、コンテンツごとに、日常の「あるある」が詰まったリアルなキャラクターと細かい世界観を絶妙に表現しています。

そして、ここでも個別のコンテンツの世界観は互いにクロスオーバーしています。たとえば、「ハンサラン山岳会」に登場する父親の息子が「05学番イズバック」の主人公であるといった具合に。イ・ヨンジュとチョン・ジェヒョンは、それぞれのコンテンツで父親と息子という2つのキャラクターを演じ分けています。

「05学番イズバック」の背景は彼らが大学生だった2000年代半ばで、「ハンサラン山岳会」の背景は2020年代の現在であるため、時間軸を考えると2つの世界観にはやや矛盾があるように思えます。それでも、コメディコンテンツという特性上、一般的な作品に比べて世界観のつながりをそこまで意識しなくてもいいという点が、この場合は長所となっています。

「B対面デート」に登場するデート相手のキャラクターのなかには、その特性を活かして単独コンテンツ化され、キャラクターのバックグラウンドをさらに豊かにしているものもあります。これはまさに、MCUが『アベンジャーズ』シリーズのためにキャラクターごとのソロムービーを制作したのと同じような手法です。

たとえば、KBSの元コメディアンであるイ・チャンホが演じる〝イ・ホチャン〟というキャラクターは、「B対面デート」ファイナリストの財閥3世であり、同時に「キム・ガプセンおばあさんの海苔」〔同チャンネルでつくられた仮想の海苔ブランド〕に出てくる未来戦略本部長でもあります。ここから派生するコンテンツとして、韓国に実在する海苔製造会社である成京食品(ソンギョン)とのコラボレーションで、**「キム・ガプセンおばあさんの海苔」を商品化**するコントもつくられました。それだけでなく、実際にその製品をオン・オフラインで販売することで、各コンテンツの世界観をクロスオーバーさせるだけでなく、**コンテンツの世界観を現実世界に再現することにも成功**しました。

イ・ホチャンが実際に成京食品の海苔工場を訪問し、本部長のように振る舞うと、従業員たちが思わず真剣にリアクションをしてしまい噴き出すシーンもあります。それを見ていると、**〝世界観のつながり〟と〝世界観の衝突〟を同時に感じる**ことができ、おもしろさも倍増します。

## ■ファンのコメントが世界を広げる

YouTubeコンテンツの世界観を完成させるもうひとつの要素は、**ファンたちが書き込むコメント**です。ファンが自発的に参加することで世界観がさらに広がるのです。たとえば、イ・ホチャン本部長のキャラクターが登場する「キム・ガプセンおばあさんの海苔」コンテンツでは、このようなコメントが多数見られます。

昨年の下半期に貴社の面接を受けた者です。通常は交通費しか支給されないところ、面接の帰りに貴重な海苔を全員に持たせてくださいました。「キム・ガプセン海苔」を手に地下鉄に乗って帰る途中、羨(うらや)ましげな視線を感じました(泣)。その日は家族で海苔巻きをつくり海苔パーティーを開いて盛り上がりました。(ニックネーム:luna)

「キム・ガプセンおばあさんの海苔」、営業利益前年比10倍達成おめでとうございます。本部長の計画どおり、アマゾン、グーグル、テスラなどに負けず、利益100倍を目指して頑張ってください。(ニックネーム:タジムTVDaGym)

この動画を見て、新世界百貨店（シンセゲ）の株を売却して㈱キム・ガプセンおばあさんの海苔に全部注ぎ込みました。（ニックネーム：コヤン）

個々のキャラクターのエピソードをつなげ、ユニバースをつくり上げた事例として欠かせないのが、女性コメディアンのカン・ユミによる『好きでやってるチャンネル』です。ＡＳＭＲ（聴覚や視覚への刺激によって得られる心地のいい感覚）動画を現代美術の境地に引き上げ、「カン・ユミに名誉人類学の博士号を授与すべき」という評価を得ているこのチャンネルでも、個別に登場した人物が歳月を経て別のキャラクターとして再登場したり、キャラクター同士の関係が設定されたりします。

ロボットのように不器用な「ＩＮＴＪの上司」（ＩＮＴＪ：16パーソナリティ診断の結果のひとつ）は、「結婚式のサクラバイト」でも機械的に仕事をこなし、クラスメイトからおやつを取り上げて食べていた「不良女子高生」は、成長して「メイクサロンのダメ新人」となり、「女優病をこじらせた女優」のメイクを担当してこっぴどく叱られます。

YouTube

ここでファンは、「女優病をこじらせた女優」に対して、まるで実際にその問題で炎上しているかのように、いじめ疑惑についての釈明を求めます。

芸能人関連のスキャンダルが勃発したとき、ファン同士で敵対し争う光景はよく見られます。『好きでやってるチャンネル』のファンたちは、そういった状況でありがちなリアルな口調や展開を（まるでこの世界観の主人公のカン・ユミのように）具体的かつ現実的に再現しながら、**チャンネルのなかの世界と現実世界との境界を曖昧**にします。そうすることで、世界はどんどん拡張していくのです。

# Part Ⅱ

## 世界観をどうやって構築するか
## ―4つの必須要素

### 第4章
### キャラクター

〝世界観とは、これからある物語が繰り広げられる巨大な背景である〟という先入観のために、世界観をつくる際は、とりあえず大まかな背景や設定を組んで始める場合が多いでしょう。しかし、ひとつの世界をつくるということは、世界を構成する基本的な要素を組み立てていくことを意味します。なかでも**キャラクターの設計**は不可欠です。

## 私たちはどんなキャラクターにハマるのか

では、私たちが夢中になるキャラクターとはどのようなものでしょうか。皆さんも、目を閉じて思い浮かべてみてください。最近、魅力的だと思ったキャラクターは誰でしたか？　実在の人物でも架空の人物でもかまいません。

それぞれ頭に浮かぶ顔があるでしょう。ウェブ漫画の主人公であったり、世界で活躍するアスリート、あるいは、仕事ができて面倒見のいい職場の同僚かもしれません。

映像コンテンツで世界的に最も成功したキャラクターを選ぶとするなら、〝アイアンマン〟ではないでしょうか。前章でも述べたように、映像化するキャラクターとしてマーベルがアイアンマンを選んだのは、当初は苦肉の策でした。より人気のあるキャラクターの使用権がマーベルにはなかったからです。ところが、**映画で具現化されたアイアンマン〝トニー・スターク〟**は、これまで私たちが見てきたヒーローとは違った魅力で人々を虜にしました。

作中のトニー・スタークは、億万長者の実業家です。性格は破天荒で偏屈、ストレートで自己中心的。一見、お金のことしか考えていない憎たらしい人物のようにも見えます。しかし、その一方でユーモアセンスにあふれ、予想外のシーンで笑わせてくれます。好物はチーズバーガーです。私たちと何ら変わるところのない、平凡な人間なのです。「億万長者の実業家」というイメージとはかけ離れているかもしれませんが、それが事実です。

トニー・スターク以外のマーベルヒーローはどうでしょうか。スパイダーマンは手からクモ糸を繰り出し、ハルクは緑の巨大なモンスターに変身する超自然的な力を持っています。ドクター・ストレンジは瞬間移動や時間を操る能力を持ち、スカーレット・ウィッチは幻覚や念力などの超能力を使いこなします。ソーとロキは神です。しかし、トニー・スタークは超人でも神でもありません。スーツを脱げば特別な能力は何もありません。このような非凡さのなかの平凡さこそ、トニー・スタークの主な人気の秘訣なのです。

## 感情移入

架空のキャラクターに魅力を感じさせるためには、つまり、見る人を共感させ、惹きつけるには対象への**感情移入**が必須です。キャラクターの思考と行動が理解できなければ、そのキャラクターが中心となって描かれる物語や世界に長く浸ることはできません。すぐに、より魅力的なキャラクターが登場する他の物語に目移りしてしまうでしょう。

物語の背景や雰囲気、他の要素がどんなに良くても、魅力的なキャラクターをつくることができなければ物語の生命力はたちまち失われてしまいます。特に主人公は、「あんな人いるわけない、あり得ない」「いったい何を考えてるんだ?」「もう勝手にやってろ」と思われるようなことがあってはいけません。

感情移入しやすいキャラクターをつくるには、いくつかの戦略が必要です。

## ■ 共通性

キャラクターに感情移入するには、まずキャラクターと自分が似ていると感じ、**共感**できなければなりません。自分とまったく違う考え方や違う姿をしている人に感情移入し、さらに魅力を感じるには、非常に長い時間がかかります。

共通性を感じるには、キャラクターには2つの特徴が求められます。ひとつは〝**欲望の普遍性**〟、もうひとつは〝**行動の意外性**〟です。そしてこの2つは、抽象的な説明や意思表示を通じてではなく、細かい状況描写によって伝えなければなりません。

## (1)欲望の普遍性

例を挙げてみましょう。「お金持ちになりたい」という欲望は誰にでもあるでしょう。人によってその程度には違いがありますが、お金をたくさん稼ぎたいという欲望は現代の資本主義社会を生きる上で自然に抱く、ごく普遍的な欲望です。だから私たちは、お金を拒むキャラクターよりも、お金を稼ぐことを目標にしているキャラクターのほうが、より感情移入しやすいでしょう。

しかし、物語の世界では、そのキャラクターに普遍的な欲望を抱かせるだけで終わらせてはいけません。なぜそのキャラクターがそのような欲望を抱くようになったのかという**〝動機〟**が見えなければ、人はキャラクターという想像上の人物と自分を同一視しにくいからです。

そのため、ともすれば自分の気持ちを偽り、冷めた目で見るようになるかもしれません。「お金は好きだけど、そこまでして欲しいと思うか？　自分はあそこまで切羽詰まってないな」というように。よって、キャラクターに普遍的な欲望を持たせる際には、そうなるに至った具体的な経緯と動機も用意しなければなりません。

無人島に閉じ込められてひとりで勤務。夕方に電源を入れ、朝に電源を落とすだけの単純作業。仕事さえきちんとこなせば他の時間は何をしても自由。パソコンはあるがインターネットには接続不可。物資は都度補給。勤務地から離れることは禁止。2年間働いたら一時金として10億ウォン（約1億円）支給。

数年前、あるオンラインサイトに掲載されて話題になった〝究極の選択〟の内容です。この条件で働けるかどうかという質問がネットに投稿されると、ネットユーザーの答えは〝できる〟と〝できない〟で拮抗しました。実際にこんなことは起こらないでしょうが、**具体的な条件と状況が提示されると、人はまるで自分の身に起きたことのように真剣に悩んだ**のです。

ネットフリックスのオリジナルドラマ『イカゲーム』（2021）の冒頭部を思い出してみましょう。

主人公のギフンはお金が必要でした。ギャンブル依存症で莫大な借金を抱えていたからです。高利貸しに追われ、お金を工面できなければいつ殺されてもおかしくありません。それに、母親は糖尿病で、すぐに手術をしなければ命が危ない状況です。とにかく大金が必要です。これほどの崖っぷちに追い詰められていれば、命を担保に一攫千金を狙えるマネーゲームに参加することになったギフンの決定に共感できるでしょう。

普遍的な欲望を持つキャラクターに私たちが共感する理由は、その姿に自分の内面と似たものを感じるからです。お金を稼ぎたい、恋愛したい、成功したい、死にたくない、危機から逃れたい、といった欲望がそれにあたります。

## (2)行動の意外性

**〝行動の意外性〟**は、言い換えるならば**〝個性〟**です。これもやはり『イカゲーム』のギフンを例に挙げてみましょう。

『イカゲーム』の第1話で、ギフンは闇金の高利貸しに返済する予定だった400万ウォン〔約40万円〕をスリに遭ってすべて失い、「身体放棄の念書」〔契約を履行できない場合、自分の臓器を売るなどの手段で借金を弁済するという覚書」にサインをさせられ追い立てられていたところ、見知らぬ男に声をかけられ、めんこで勝負をして苦労の末に10万ウォンを手に入れます。ギフンは浮かれながら家に帰る途中でサバを買い、偶然見かけたネコに丸ごと1匹与える気前のよさを見せます。

ここで私は、ギフンという人物についてはっきりと理解しました。**作中に出てこない彼の過去と未来まで想像することができた**のです。ギフンは、お腹をすかせた野良ネコに魚を与える心優しい人物であり、また、無駄遣いが許されない状況でも簡単にお金を使ってしまう気分屋でもあります。これまでも、そしてこれからも、そうやって生きていくのでしょう。決定的な瞬間にお金を失っても、あたたかい心を動力にストーリーを紡いでいくのだろうと思わせてくれます。

**〝お金を稼ぎたい〟**というのは普遍的な欲望であり、ひとりの人物の性格をすべて表現するものではありません。キャラクターをつくるにあたって必須の条件ではありますが、**その人物の真価が発揮されるのは、普遍的な欲望にちょっとした個性が加わったとき**です。私たちの実際の暮らしとよく似ていると思いませんか？

## ■共通性＋憧れ性

共通性をつくることは、感情移入を促す優れた方法ですが、**共通性に〝憧れ性〟という要素が加わったとき、人はより一層そのキャラクターにのめり込みます。**アリストテレスは早くから、叙事理論の始祖ともいえる『詩学』で、私たちよりもある程度、偉大な力を持っている主人公というのは、実は私たち自身と大同小異な人物であり、だから私たちはその人物の感情に我知らず完全に参加（移入）するのだと語っています。[11] **私たちが羨み、憧れるのは、〝私たちよりもある程度、偉大な力〟**なのです。

憧れ性の要素は大きく2つに分けられます。

### (1)専門性

ドラマや映画、ウェブ漫画やウェブ小説には、専門職、お金持ち、ヒーローといったキャラクターが頻繁に登場します。アイドルの世界観でキャラクターをつくるとき

11　アリストテレス他『詩学』、チョン・ビョンヒ訳、文芸出版社　２０１３、14頁（日本語版、岩波書店）

456

も同様です。彼らは風・火・水といった自然要素を扱ったり、頭脳明晰であったり、潜在的な力を持っています。

### (2)線を越える人たち

私たちが誰かに憧れを抱くとき、基本となる前提条件は何でしょうか？　相手がいくら素晴らしい行いをしても、自分がすでにできることならその人に憧れたりはしません。つまり、時代によって定められた常識や普遍の秩序を崩し、既存の線を飛び越える人こそが、憧れの対象になる資質を備えているといえます。なぜなら、ほとんどの人はそのように生きることができないからです。**自分が越えられない線を誰かが代わりに越えてくれる。それによって、私たちは憧れと快感を覚える**のです。

ＭＢＣのテレビドラマ『赤い袖先』（２０２１）の主人公ソン・ドギムは、王の承恩を受けることを拒みます。朝鮮時代の宮中女人は、おそらく自分の意思を貫くことがほぼ不可能だったはずです。そんな世界で、自分らしく生きるために承恩を拒んだドギムは、〝線を越えたキャラクター〟の代表格です。

ショートシリーズ『九厄のハサミ』の収録作「小さな羽ばたきを君に」（ポム・ユジン著）の主人公シン・イナは、親から受け継いだ能力によって高校の頃に背中に翼が生え、翼を動かすことで周りの物を浮かせる力を持つようになります。イナは、幼い頃からこの力は人のために使わなければならないと教えられてきました。それで、背中に生えた翼を目立たないように結び、必死に隠そうとします。ところが、妹と自分に振るわれる暴力を目の当たりにしたことで、ついには線を越えることを選び、読者たちの熱狂的な支持を得ました。

## ▩憧れ＋哀れみ

共通性と憧れ性を加え魅力的なキャラクターが誕生したなら、その魅力を最大限に引き出すために必要となる要素は**〝哀れみ〟**です。ここでもやはり、普段の私たちの姿を思い返せばその理由がすぐにわかるでしょう。完璧だとばかり思っていた人の思わぬ隙や弱点を発見したとき、かえってその人に親近感が湧き、心の距離が縮まった経験があるのではないでしょうか。

キャラクターも同じです。憧れと哀れみという両極端な感情を同時に抱くとき、人はその意外なギャップに心を打たれ、対象にのめり込むのです。したがって、魅力的な主人公は、哀れみを誘発するために大きく2つの要件を備えています。

### (1)ハンディキャップ

2022年、韓国で大ヒットしたドラマ『ウ・ヨンウ弁護士は天才肌』のログライン（作品の要点を要約したもの）は、「**自閉症を抱える天才弁護士**の大手法律事務所奮闘記」です。これだけでも、主人公のキャラクターの魅力が伝わってきませんか？　HBO（ホーム・ボックス・オフィス。アメリカの衛星およびケーブルテレビ放送局）のテレビドラマ『ゲーム・オブ・スローンズ』（2011〜2019）でティリオン・ラニスターは、小人症のキャラクターです。作中の彼は、このハンディキャップを克服するためにひたすら本を読み、この世界観のなかで一目置かれる聡明な人物となりました。今や彼は、作品のなかで最も愛されているキャラクターのひとりです。

**ハンディキャップ**は、絶対的というよりは相対的な属性です。ロバート・デ・ニーロ主演の映画『**マイ・インターン**』（2015）のように、若者のなかに年配者がひとり混じっていれば、それがその人物のハンディキャップになります。もちろん、逆のケースもあります。物語の世界観で、年齢、外見、性別、身体的特徴、社会・経済的な地位などを理由に、あるキャラクターが弱者あるいは排斥されている立場になると、それがそのキャラクターのハンディキャップになります。

### (2)心理的コンプレックス

前述のとおり、アイアンマンであるトニー・スタークは世界的に最も人気のあるキャラクターのひとりです。莫大な富を築き、無敵のアーマーを身に纏っているトニー・スタークですが、そんな彼にも〝**痛み**〟があります。ひとつはいわゆる**ダディ・イシュー**、つまり父親に対する承認欲求を抱えていた問題です。もうひとつは、核ミサイルを抱えたまま宇宙空間に飛び込み、帰還したことが**死へのトラウマ**となっていることです。

この設定は『シビル・ウォー／キャプテン・アメリカ』まで続き、トニー・スタークというキャラクターに一層深みを加えています。同じマーベルシリーズのスカーレット・ウィッチは、『ワンダヴィジョン』（2021）で、愛する〝ヴィジョン〟を失ったトラウマにより許されない罪を犯しますが、スカーレット・ウィッチの苦しみを知る視聴者は、彼女を憎むどころか、むしろ救われてほしいと同情心を抱きます。

## キャラクタータイプ

これらの要素を組み合わせて、特定のカテゴリを形成するキャラクタータイプをいくつか紹介します。もちろん、これ以外にも皆さんが目にする物語でどういったキャラクタータイプが登場するかを分類してみることで、今後、世界観をつくるときに必須となるキャラクターをよりイメージしやすくなるでしょう。

## ■ヒーロー

最近のストーリーコンテンツ業界では、〝ヒーローの時代〟といえるほど、多様な能力を持つヒーローが登場しています。キャラクターにどのような能力を与えるかは、ストーリーの展開やジャンル、テーマによって大きく変わってくるでしょう。ただ、非凡な能力や偉大な勇気はヒーローの必須条件です。その他にも必ず守るべき原則がひとつあります。それは、**ヒーローは〝犠牲になる者〟である**ということです。ただ勇敢に力を発揮するだけではヒーローにはなれません。強いだけでいいなら、ヴィラン〔悪役、敵〕もまたすさまじい能力と傲慢な勇気を持っているのですから。

『スパイダーマン：ノー・ウェイ・ホーム』（2021）のピーター・パーカーは、マルチバースから侵入した悪党から人類を守るために、自分は人々の記憶から消え去ることを選びます。親友のネッドやメリー・ジェーンをはじめ、大切な人たちとの関係が絶たれ孤独になるという犠牲を払うのです。当然ながら、犠牲は誰にでもできるものではなく、〝非凡な選択〟です。だからこそ、そのような決断を下し実行するキャラクターをヒーローと呼ぶわけで、人々はいつもヒーローの誕生を待ち望んでいます。

## ■原則主義者

**原則主義者は、自分だけの原則を金科玉条とし、一貫性を持って行動するキャラクター**です。この原則は、主人公の道徳律ともいえます。原則主義者は、逆境に置かれても原則を忠実に守り、極限の状況を克服します。だからこそ、この原則が彼らの強みであり弱みとなるのです。

マーベルシリーズのキャプテン・アメリカ＝スティーブ・ロジャースは、アメリカ式の保守主義と"I can do this all day"（まだやれる）の台詞に現れる不屈の意志を持つキャラクターです。映画『シビル・ウォー／キャプテン・アメリカ』（２０１６）では、スティーブ・ロジャースが自分の原則を貫き、個人の自由意志を最優先し擁護するため「ソコヴィア協定」に反対することで、親友だったトニー・スタークといがみ合うことになります。

一方で、ＳＢＳのテレビドラマ『ストーブリーグ』（２０１９）のペク・スンス団長は、合理性と原則を何よりも重視する人物です。野球経験ゼロで球団のゼネラルマネージャーとして新しく赴任した彼は、費用対効果を第一に考え問題を解決していく代表的な原則主義者です。「私のことが信じられないのですか？」と詰め寄る運営チーム長のイ・セヨンに対し、「信頼よりも各自の役割を果たせばそれでいい」と答える姿から、刃のように鋭い彼の原則を垣間見ることができます。そして、この性格が彼を突き動かす動力であり、同時に足枷にもなり得ることが予想されます。

## ■ マンチキン

マンチキンという単語は、小説『オズの魔法使い』に登場する種族の名に由来しています。もともと、ＴＲＰＧ〔進行役とプレイヤーが協力してひとつの物語をつくり上げる対話型ＲＰＧ〕などの競争よりも協力が重視されるゲームで、進行を妨げるほどにひとりで勝負欲を燃やすゲーマーを指す言葉として使われてきました。ところが最近では、マンチキンというキャラクターをより大衆的に活用した事例が見られるようになりました。ひと言でいうと、アクション映画に出てくるマ・ドンソク〔韓国およびハリウッドなどで活躍する韓国系アメリカ人俳優。鍛え抜かれた肉体を活かし、豪腕でカリスマ性溢れる役柄をこなす〕のような、**負け知らずのキャラクター**です。俗に〝チートキャラ〟とも呼ばれます。

一般的なストーリーコンテンツでは、主人公のキャラクターは、はじめは頼りなく自分の真の力に目覚めていませんが、試練や葛藤を経験しながら徐々に成長を遂げていきます。ところが、マンチキンキャラクターにはそのような過程がありません。**最初から最後まで〝強－強－強－強〟〝勝利－勝利－勝利－勝利〟のキャラクター**です。

1990年代には、スティーブン・セガールを主演とした一連のアメリカアクション映画があり、2000年代はじめには、韓国のファンタジージャンルでもこのようなキャラクターが量産され始めました。最近では、ウェブ小説の主人公としてもよく登場しています。

マンチキンキャラクターは、「1話あたりの分量は短いけれど連載期間は長い」ウェブ小説フォーマットの登場とともに、確実に人気を伸ばしています。膨大な世界観を持ちながら毎日短い分量を継続的に読み進めるウェブ小説では、キャラクターが弱かったりピンチに陥ってばかりだと、読者が苛立ちを感じ、途中で離脱してしまいます。読者が望んでいるのは、マンチキンキャラクターの痛快で清々しい、圧倒的な活躍ぶりです。

マンチキンキャラクターの人気の高まりは、今の時代精神を反映しているともいえるでしょう。主人公がまた痛めつけられるのではないか、死んでしまうのではないかと冷や冷やすることなく、スカッとする展開をストレスなく楽しめるのですから。

## 計略家

計略家は、マンチキンと似ていますが、また違った形の痛快さを提供してくれるキャラクターです。計略家キャラクターには、他人よりも二手先を読む〝計画〟があります。これが痛快さの要であり、憧れの的となる所以でもあります。アメリカのボクシング選手マイク・タイソンの有名な言葉があります。「誰にでも計画がある、殴られる前までは」。

私たちも、違いはあれど、ある程度の計画を立てて生きています。問題なのは、思いどおりに事が進まないことです。しかし、計略家キャラクターの計画は、たとえ一見、失敗したように見えても、最終的には見事に成功します。**キャラクターが絶体絶**

**命のピンチに陥り、見る者を不安にさせても、結局はその計画が正しかったことが明らかになり起死回生を遂げます。**このときの爽快さは言葉にできません。思わず唸ってしまうほどです。

ＭＢＣのテレビドラマ『ヴィンチェンツォ』（２０２１）のヴィンチェンツォや、山景（サンギョン）によるウェブ小説でありＪＴＢＣ（中央東洋放送。衛星放送やケーブルテレビ向けの番組を配信する放送局）ドラマでも放映された『財閥家の末息子』のチン・ドジュン、ペク・ドクスのウェブ小説『デビューできないと死ぬ病気にかかってしまいました』のムンデ、Ｍｉｎｔのウェブ小説『悪女は２度生きる』のアルティゼア、『三国志』の諸葛孔明、『ゲーム・オブ・スローンズ』のティリオンなど、助演、主演を問わず人気のあるキャラクターは、計略家の典型です。

## ■町の守護者

**町の守護者は、自身の属する準拠集団の秩序を守り、その集団を瓦解させようとする勢力に立ち向かいながら、最終的には集団を守るキャラクター**です。この準拠集団とは、小さくはキャラクターが所属する町に限られますが、大きくは国や人類にまで広がります。

小説『おしゃれに解決いたします、白鳥クリーニング』（イ・ジェイン著）は、通っていた学校が廃校になり、親から譲り受けたクリーニング屋だけが残された状況で、主人公のウンジョが故郷の麗水（ヨス）に帰り、さまざまな事件を推理し解決していくという話です。ウンジョは愛する故郷の麗水を焦土化させようとする悪徳不動産開発業者に立ち向かい、町を守ります。

町の守護者は、ドラマ『椿の花咲く頃』（2019）のトンベクとヨンシク、『海街チャチャチャ』（2021）のヘジンとドゥシクのように、コージーミステリー、あるいはコージーミステリーを加味したロマンスジャンルのキャラクターとして愛用されます。その一方で、大規模なファンタジーの世界観の主人公としても活躍します。

イ・ウヒョクのファンタジー小説『退魔録』に登場するヒョナムとパク神父――自ら価値あると信じる世界を守るために外部の勢力（各種魔物）と戦う主人公たち――も町の守護者です。tvN〔CJ ENMが運営するテレビチャンネル〕で放送された武侠ロマンス『還魂』（2022）のチャン・ウクも同様です。彼は、自分の属する門派とその世界の秩序を守るために、人と人の魂を移し替える〝還魂術〟という邪術を操る敵対勢力と戦います。その過程で、過去にかけられた〝還魂術〟によって別人の魂が宿っているムドクと恋に落ちることが、キャラクターの主なジレンマとなっています。

町の守護者がどのような冒険をするかは、創作者が想定した町（準拠集団）の大きさによって決まります。そして彼らは、素朴ながらも町の英雄になったり、時に大陸を渡り歩く壮大な旅に出たりもするのです。

# 第5章

# 時空間

「孟母三遷の教え」という言葉をご存じでしょうか。

孟子の母が、孟子を教育するために、より適した環境を求めて墓地のそばから市場のそばへ、さらに孔子ゆかりの学問所のそばへと、居所を三度移し変えたという故事です。教育環境の大切さ、我が子を思う母親の愛など、さまざまな教訓ポイントがありますが、私にとっては、**どの時点でどんな空間をつくれば目的とする話に行き着けるのか**を示してくれる、良い逸話のように感じられました。

「孟子」というキャラクターが偉大な儒学者になることがメインストーリー（！）だとすれば、このキャラクターが人生の基盤を築くべき場所は、他でもなく儒学が生まれた古代中国、向学心を掻き立てる孔子廟のそばでなくてはならないでしょう。

人の運命は、いつ、どこにいるかによって決まるといいます。世界観をつくるときも同じです。**どの時間、どの空間で世界を設計するか**が重要なわけですが、それはまさに、この背景こそが、私たちが創造した世界がうまく機能し、広がっていくための根拠地としての役割を果たすからです。

時空間は、世界観を設計する過程で比較的早い時期につくられます。ブレーンストーミングをしながらアイデア出しをする初期段階で決定することもあります（たとえば、「京城時代ものをやってみたいんですが」「朝鮮戦争を背景にした○○ものはどうですか？」といった具合に）。時空間は後に変更しようとすると大がかりな修正になるだけに、はっきりとした基準をもって慎重に考えなければなりません。そのため、時空間の設計に際しては、次のことに留意して進めるようにしましょう。

## なぜ、このとき、この場所なのか
## ──蓋然性

YouTubeのコメディチャンネル『ピシク大学』は、10個あまりの代表コンテンツを運営しています。ひとつのコンテンツから派生したスピンオフコンテンツもあれば、独立した個別のコンテンツもあります。この独立したコンテンツも、他のコンテンツと世界観が緩くつながっている場合が多いのです。「ハンサラン山岳会」のメンバーであるキム・ヨンナム、チョン・グァンヨン、イ・テクチョの子どもたちが「05学番イズバック」の主人公であるキム・ミンス、チョン・ジェヒョク、パン・ユニであったり、「ロニー&スティーブ」の登場人物であるスティーブ・リーとロニー・キムも「ハンサラン山岳会」のペ・ヨンギルの息子、キム・ヨンナムの甥であるといった具合に。

「05学番イズバック」を見ると、カメラを回してＹｏｕＴｕｂｅの動画を撮影する観察者のキム・ミンスは現在の人物ですが、動画のなかの出演メンバーは２０００年代前半から中盤の時代の人のように話し、行動します。ここがユーモアのポイントです。「05学番イズバック」の狙いは、２０００年代前半から中盤の流行の最先端（Ｙ２Ｋファッション〔２０００年代のトレンドを取り入れたファッション。Ｙ２ＫはＹｅａｒ ２０００の略〕、サイワールド〔韓国で流行した個人のミニホームページ〕、クィヨニ〔韓国恋愛ウェブ小説の先駆者といわれる女子高生作家。代表作は『オオカミの誘惑』〕ブームなど）を行くキャラクターたちが、当時のトレンドをリアルに再現する姿と、それに毎回戸惑いながらも根気強く観察するキム・ミンスを通じて笑いを誘うことなのです。

『ピシク大学』のメンバーがインタビューで語った話によると、「05学番」を主人公に2000年代前半から中盤の話を扱ったコンテンツをつくった理由は、ストーリーを率いるメンバーたちが、実際に2005年、2008年に大学に入学した世代にあたるからだそうです。昔の思い出をパロディするというコンセプトを踏まえると、出演メンバーがいちばんよく知っていて忠実に再現できるのが、彼らが大学生だった時期なのでしょう。[12]

そのため、このコンテンツには、2000年代前半から中盤の若者たちの人気スポットだった明洞(ミョンドン)のミリオレ〔ショッピングセンター〕、新村(シンチョン)などを中心にストーリーが展開します。コンテンツの**つくり手が目標とするものを最もリアルに描くために、彼ら**

12 『SHOW TIME / ピシク大学』、『Allure』2022年4月26日

**が実際に経験して観察し、生き生きと再現できる時期と場所を選んだ**というわけです。

「05学番イズバック」は、2019年6月に最初のエピソードを公開し、3年後の2022年6月には**パラレルワールド**という新しい時空間へと移動しました。世界観が拡張されたのです。登場人物はそのままですが、主な舞台が京畿道(キョンギド)の新都市に変わりました。「05学番イズヒアー」というコンテンツは、まるで「05学番イズバック」に登場する自信にあふれ怖いものなしだった当時の若者が、歳を重ねてどんな人物になったのかを見せてくれているようです。パラレルワールドという設定上、「05学番イズバック」に出てくる人物の顔ぶれとまったく同じというわけではありませんが、同じ役者が演じているという点では、すくなからずつながりがあるといえます。

彼らは2022年現在、40代の独身または既婚男女の典型的なキャラクターに扮し、今この時代の人々の生活像を描いています。自営業や会社勤め、専業主婦や共働き、結婚や離婚など、暮らし方もさまざまです。マーベルキャラクターの帽子やマーベルグッズのアクセサリーで車をデコレーションし、週末には郊外のアウトレットでショ

Mistlove HOTEL

ッピング。2022年のワールドカップを観戦するためにみんなで家に集まり、フライドチキンを食べながら2002年のワールドカップに思いを馳せます。

はじめは何の気なしに笑いながら見ていた私は、ふと気づきました。このコンテンツに登場するいくつかの描写が、私の生活と驚くほど似通っていることに。

私と同じように考えた人がたくさんいたのか、YouTubeのコメント欄には**「自分や周りの人物の姿を見ているようだ」**という驚きの声がいくつも見られます。特に「05学番イズバック」から流れてきた視聴者は、昔はやる気に満ち溢れパワフルだった若者たちが、年月を経て世の中の酸いも甘いも経験し、すっかり落ち着いた中年になった姿に切なさを覚えるでしょう。

制作陣の狙いはそこにあります。30〜40代のターゲット層が自分と重ね合わせて共感を抱き、コンテンツにのめり込めるよう、**首都圏に暮らす平凡な30〜40代の特徴を織り混ぜて、似ているようで違う人物たちの世界を新たにつくり上げた**のです。舞台が「2000年代半ばの明洞」から「2020年代の京畿道新都市」というパラレルワールドに置き換わったのもそのためです。2023年3月に、キム・ミンスが演じるキャラクターが再び「05学番イズバック」の世界観に移動したことから、[13]これからは2つの世界を行き来しながらストーリーが展開していくと思われます。このシリーズの時空間がこれからどのように拡張していくのか、実に楽しみです。

創作者は、作品の時空間を決めるにあたり、当然のことながら**〝物語の主な目的〟**を考えます。『あの日、あの場所で』(イ・ギョンヒ著)は、近未来の釜山・海雲台(ヘウンデ)を背景にしています。主人公は幼い頃、海雲台を襲った津波による原発事故で母親を亡くします。この物語は、「作家のことば」にもあるように、韓国で起こった悲劇的な事件にもとづいており、母と娘が次なるチャンスを得て互いの命を救い、傷を癒やす過程を描いています。

そのため、作品の舞台は、原子力発電所が近くにあり津波が発生する可能性のある

13 『ピシク大学』「05学番イズバック」〝兄貴たちが帰ってきました〟より

海辺、そして全国から人々が集まり被害が拡大する可能性のあるリゾート地——海雲台に設定されたのです。また、主人公が亡き母を救うために、タイムリープ技術が使えることが想定された近未来と現在の視点が交互に描かれます。

物語の背景が、なぜこの時点の海雲台でなければならなかったのかについて、作品を担当したユン・ソンフンプロデューサーは次のように語っています。

> まず、視覚化に適したＳＦという観点から、実在する場所を選びました。作家にとって最も慣れ親しんだ場所であり、取材が容易だったのが海雲台でした。海雲台の〝ＳＡＶＥ ＺＯＮＥ〟デパート前の三叉路や海雲台海水浴場の裏手にある市場通りなど、２０２１年時点の実際の地形や立ち並ぶ店舗を最大限活用してリアルさを追求しました。作中では、２０２５年初夏の海雲台という設定になっています。

次に、緊張感を最大限に引き出すためにも海雲台という場所が必要でした。事件の主な背景となる古里（コリ）原子力発電所は、多くの観光客が密集する海雲台から直線距離で20～30キロメートルと、非常に近い位置にあります。現実では絶対に起きてはならない事故ですが、フィクションとしては、主要人物や事故の生存者にとって決して忘れられない傷痕として残る場所、そして、そのトラウマを克服するためにタイムトラベルを決心する場所として、海雲台が最適だったのです。

**時空間は、気候や事象など、世界を構成する基調とも密接に関わっています。**ジョージ・R・R・マーティンの『氷と炎の歌』を原作としたHBOシリーズ『ゲーム・オブ・スローンズ』（2011～2019）を思い出してみましょう。

この作品のシーズン1が公開されたとき、HBOならではの――事件の展開や描写が極めてスリリングで過激な――作品であることを踏まえても、観客は大きな衝撃を受けざるを得ませんでした。シーズン1の第1話でいきなり、観客が愛着を抱き始めたあるキャラクターが恐ろしい事故に遭い、シーズン1のエンディングでは、これまでまるで主人公のように描かれていたキャラクターが悲惨な死を迎えます。

『ゲーム・オブ・スローンズ』シリーズを完走した人なら、これは序の口に過ぎないと思うでしょう。実際、このドラマを見ていると、誰が死んでもよほどのことがない限りショックを受けなくなります。それくらいの覚悟がないと見続けることが難しいのです。「この作品の教訓は、〝人間はみんな死ぬ〟なのか？」という冗談が飛び交うほどで、物語では、信じていた人の裏切りや陰謀、そして無惨な死が絶え間なく続きます。

この作品の空間的背景は、ツンドラ地帯に近い極地と接する大陸で、同じ季節が不規則に何年も続く特異な環境です。時間的背景は、忠誠と裏切りが交錯する複数の名家や領主による複雑な覇権争いを描くために、歴史上似た背景を持つ中世を連想させる過去のある時点です。

数十年間にわたり過酷な冬が続き、〝異形（ジ・アザー）〟と呼ばれる存在が再び攻めてくるだろうという予言が伝わるなか、シーズン1ではそれが現実のものとなる恐怖が描かれます。スターク家の紋章であり、世界滅亡の始まりを暗示する標語〝Winter is coming〟（冬来たる）が、この恐怖を象徴しています。そして後半では予言が実現し、〝異形〟がヴィランとして登場します。

このように、過酷な冬を象徴する外部の脅威や裏切りと死が渦巻く殺伐とした物語の基調を保つために、寒冷な北方の地を主な舞台に設定したのではないでしょうか。

## 広がっていく可能性があるか
### ――拡張性

イ・ギョンヒのもうひとつの著書であり「サンドボックス」シリーズ1冊目である『砂の都市の人形たち』は、近未来の平沢特別自治市が背景となっています。物語は、現在実際に駐韓米軍が駐屯している平沢ハンフリーズ基地が、駐韓米軍撤退後、技術規制免除特区に指定されたという仮定から始まります。この作品のなかで平沢は、先端技術の中心地でありソウルを凌ぐ巨大都市です。革新行政特例法が制定され、中央当局の干渉を受けない自治政府が立ち上げられたという設定です。

「サンドボックス」シリーズの「平沢」は、イ・ギョンヒの前作である長編小説『テセウスの船』の世界観の延長線上にあります。前述の「平沢特別自治市」の時空間がここでも登場し、物語が拡張しているのです。

実は、近未来の平沢が背景となっている作品がもうひとつあります。異常気象をテーマにしたミステリースリラー『温暖な日々』〈ユン・イアン著〉です。この作品は「マッチアップ・プロジェクト」という安全家屋の創作者選抜プログラムで選ばれ、企画の段階から作家とプロデューサーが共同で取り組んだプロジェクトから生まれたものです。

『砂の都市の人形たち』と『温暖な日々』のストーリーを担当したユン・ソンフンプロデューサーに、この2つの平沢はどう違うのか、なぜ時空間が近未来の平沢でなければならなかったのかについて訊いてみました。

まず、作家が『砂の都市の人形たち』の背景を平沢にした理由は、韓国のサイバーパンク〈近未来のディストピアを舞台としたSFのサブジャンル〉作品はソウルまたは仮想の都市を背景にすることが多いため、より新鮮なおもしろみを出すためにソウルではない場所――今から数十年後に開発されるであろう広大な土地を持つ実際の都市を選んだそうです。

さらに、平沢には海に出られる港があり、空港もあります。海外駐屯米軍基地のなかで単一基地としては〝世界最大規模〟であるハンフリーズ基地は、30～50年以内に北朝鮮との軍事的緊張感が解消されればなくなる可能性があるため、そのときになってから平沢を背景にした物語をつくっても遅いかもしれません。「平沢」は、いち早く未来を見据えた作家が見つけ出した**SF、サイバーパンクのジャンルに最も適した背景**だといえます。


一方で、『温暖な日々』は〝異常気象ミステリー〟というジャンルの作品で、企画段階から現在の気候変動によって様変わりした新都市を背景にしようという話が出ていました。その過程で案として出てきたのが、**環境保全に特化した〝エコシティ〟という設定**です。具体的なモデルとして京畿道始興（シフン）のペゴッ新都市なども候補に挙がりましたが、作家の取材によって最終的に平沢に決まりました。

平沢は京畿道最南端に位置し、SRT〔超高速鉄道〕の停車駅がある都市ですが、たとえば華城（ファソン）は京畿道で最も大きな都市であるにもかかわらず鉄道の停車駅がなく、東灘（トンタン）はすでに都市化が進んでいるため、10年以内に新たに開発される都市が生まれる可能性が低いという点も考慮されました。『砂の都市の人形たち』と『温暖な日々』の主な舞台が平沢になったのは単なる偶然ですが、後には必然となるかもしれません。『温暖な日々』も『砂の都市の人形たち』と同じく、実際の都市が背景になっています。作品のリアリティが重要なだけに、作中で描かれる大統領選挙の時期も、実際に韓国で大統領選挙が行われた2022年です。こうした要素が反映された時空間だからこそ、エコシティはまるで実在する都市のような安定感をもたらしています。

物語のなかで時空間がしっかりと形成されれば、物語もスムーズかつ持続的に広がっていきます。ともすれば、**時空間は、キャラクターよりも永続的なもの**かもしれません。キャラクターは物語の内側では死んだり消えたりすることがありますし、作品の外側では人気が落ちることもあります。その点、特定の時空間は、より恒久的で中立的だといえます。その時空間を設計した創作者の何かしらの意図が隠されているとしても、です。

このように、**時空間を念入りに設計しておけば、キャラクターが変わっても、時間が経っても活用し続けることができます。**たとえば、『ゲーム・オブ・スローンズ』では多くのキャラクターが命を落としますが、7大陸は脈々と存続し、キャラクターの興亡盛衰を見守り続けています。

## イメージを描けるか、納得できるか
## ——完結性

M・D・プレスリーは、著書"Worldbuilding for Fantasy Fans and Authors"（ファンタジーファンと作家のための世界設定）で、**〝厳格な世界設定〟と〝緩やかな世界設定〟**について語っています。要約すると、厳格な世界設計は、トールキンの『指輪物語』に登場する大陸のように、とても精巧に設計された空間に近いといえます。大陸の位置、広さ、植生、風土、言語、民族など、空間のディテールだけでなく、その空間が影響を及ぼす要素もかなり細かく描かれます。

一方で、緩やかな世界設定は、相対的に緩く時空間を設計することです。クィアラブストーリー『灰と水の泡』（キム・チョンギュル著）は、波が打ち寄せる海辺の村、巫女と人魚が存在する過去のある時点から物語が始まるということを除けば、細かい時空間の設定をしていません。これは、巫女と人魚が恋に落ち、外部の人々によって死に追いやられ、再び蘇り、激しく愛し合うという物語に集中するための戦略でもあります。

緩やかに設定された時空間は、キャラクターへの没入感を高め、かえって想像する楽しみを与えます。余白があることで読者は本能に従って想像力を発揮し、作家が意図したとおり、あるいはそれ以上に、頭のなかで世界を膨らませるのです。

これからつくろうとする物語がどういうものなのか、読者・観客に集中してほしいポイントはキャラクターの感情なのか、それともキャラクターが乗り越えようとする事件なのかによって、**設計すべき時空間のディテールの範囲**は変わってきます。そのため、ただやみくもに設定を細かくするのが良いわけでも、緩い設計だからといって悪いというわけでもありません。ただ、必要なものが抜けていたり、不要なものが含まれていたりすることがないように注意しなければなりません。

たとえばこういうケースです。**「人間ではないキャラクターがどこかに存在し、まるで人間のように暮らしている世界」**を設計するとしましょう。この場合、そこは他の惑星なのか、地球のなかの隠れた空間なのか、人間との交流がまったくないのか、それとも時折交流があるのか、キャラクターが活動できる範囲はどこまでなのか（国単位か、町単位か、事件が起こる空間はどこからどこまでか）、文明の発展度はどの程度かなど、決めるべき要素をまずはチェックしなければなりません。その上で、作中の事件に必要なものを論理的に組み合わせ、世界の形をつくっていくのです。

仮に、そのキャラクターが外部の種族と交流することなく自分たちだけで生きていくという設定ならば、人間と交流できる時空間を考える必要はありません。しかし、

異世界のキャラクターが人間と交流すべき状況であれば、異種同士の交流が可能な時空間を設定しなければなりません。

この場合、映画『アバター』（２００９）のように、まずは厳格に空間を設定し、その空間にアクセスできる科学的基盤を設けられる時代を設定するという方法もあります。もしくは、緩やかな設定を用いて、人間のキャラクターが怪しいトンネルを通り抜け、異世界のキャラクターと出会うといった設定も可能です。もう一度いいますが、緩やかな設定だからといって物語が疎かになるわけではありません。宮崎駿監督の『千と千尋の神隠し』（２００１）でも、登場人物はこのように新しい世界へと移動します。

大切なのは、読者・観客がその世界に入り込み、〝実際に存在する〟と思えるようにすることです。**物語のなかの世界観とは、結局、読者・観客に違和感を覚えさせず、物語にできる限り長く引き留めるための装置**だからです。

# 第6章

# トーン&ムード

似たような職業や性格を持つキャラクターが登場し、時空間も設定も似ているのに、雰囲気がまったく異なる作品があります。同じキーワードを10個挙げると、100人の頭のなかにはそれぞれ異なる100通りの物語が浮かぶように。

たとえば、**〝天国と地獄〟**、**〝天使と悪魔〟が存在する世界**をつくるとします。この設定だけでも、事件の種類によって実にさまざまな物語が生まれるはずです。ネットフリックスオリジナルシリーズ『グッド・プレイス』(2016〜2020)は、〝グッド・プレイス(天国)〟と〝バッド・プレイス(地獄)〟に分かれる死後の世界が背景です。

主人公のエレノアは、死後、自分が送られたあの世が〝グッド・プレイス〟だと思っていました。ところが、実はそこは〝バッド・プレイス〟で、悪魔がエレノアを拷問するために〝バッド・プレイス〟を〝グッド・プレイス〟だと偽っていたのです。エレノアは、同じ境遇の3人の仲間と、本当の〝グッド・プレイス〟に行くために奮闘します。全4シーズン、50話からなるこのシリーズは、**シットコム**(シチュエーション・コメディの略。特定の場面や状況で展開するコメディドラマの一種)らしいどんでん返しとユーモアが満載です。

一方で、天国と地獄という死後の世界観で、地獄ではなく天国に行くために悪戦苦闘する主人公が登場するという点では同じですが、まったく別の雰囲気を帯びている映画があります。将来自殺を図り、地獄行きになることをすでに知っていたコンスタンティンが、天国へ行くために悪魔祓いに奮闘する映画『コンスタンティン』（2005）は、『グッド・プレイス』と時空間もキャラクターの目的も似ていますが、主人公の行動と主要な事件は大きく異なります。

そして何よりも、『コンスタンティン』の世界と『グッド・プレイス』の世界は、全般的に雰囲気がまったく違います。**前者が暗くアイロニカルな世界であるのに対し、後者は基本的に明るくテンションの高い、コミカルな世界**です。

トーン&ムードは、**世界の雰囲気と温度感**です。つまり、創作者がその世界を見つめる観点ともいえます。この世界観に触れた人が根本的にどのようなイメージを持つのか、どの程度の事件を期待するのかは、トーン&ムードによって大きく決まります。

特定の時空間、特定の人物、特定の事件などの土台ができていても、どのようなトーン&ムードで方向性を定めるかによって物語の展開は千差万別です。観客が特定のジャンルの映画を見るとき、ジャンルの慣習によって期待するものが異なるように、それぞれの世界観のトーン&ムードによっても、期待される世界のあり方が変わります。

大事なのは、ここでいう**世界を見つめる観点とは、現在よりも未来に対するもの**であるということです。「貧しさとは現在の飢えではなく、未来への希望を見出せないことだ」という言葉があります。世界観におけるトーン&ムードも同じです。ある世界が持続するという考えのもと、創作者が未来をどのように見通しているのかを伝えることが、トーン&ムードの要です。

それでは、代表的なトーン&ムードの種類をひとつずつ見ていきましょう。

# 現実的

これは、創作された世界の姿が、現在を生きるごく普通の人々が抱いている（〝世界設定〟ではなく〝世界を見つめる観点〟としての）世界観と世界の感覚から大きくかけ離れていないトーン＆ムードです。たとえ非現実的な時空間や、現実世界に存在しない独特な事件が作中で繰り広げられるとしても、基本的には現実の世界と大きく異ならない情緒や感覚が環境を支配します。そのため、未来への展望や事件への対応も、現在的な観点から考えられるものと似ています。

たとえば、ヒーローものでは『スパイダーマン』シリーズ（２００２〜）が挙げられます。このシリーズの舞台は、ヒーローたちが存在する仮想の世界ですが、全体的な雰囲気は日常的で平凡です。ＤＣコミックス原作のＣＷ制作ドラマ『ザ・フラッシュ』（２０１４〜）でも、主人公バリーは、母親の死と真犯人探し、突如として手に入れた超人的スピード、ＣＳＩという職業世界など、多様な事件を目の当たりにしますが、基本的には現実的な人間の感覚を失っていません。

安全家屋の作品では、『温暖な日々』（ユン・イアン著）と『忘却する者に祝福を』（ミン・ジヒョン著）を例として挙げられます。異常気象ミステリー『温暖な日々』は、現実感を重視しています。そのため、主人公が植物の声を聞き取るというファンタジー要素や近未来エコシティというＳＦ設定を取り入れながらも、まるで今、自分の身の周りで起きていることを目撃しているかのような感覚を与えるために、現実的なトーン＆ムードを維持しています。

一方、『忘却する者に祝福を』は、記憶を再生できる近未来の特殊な機器をめぐって繰り広げられる殺人事件の追跡記で、２人の女性を主人公としたＳＦスリラーです。ここでも未来を背景にした設定が出てきますが、事件に翻弄される2人の主人公の関係と感情、そして〝記憶〟という素材を通じて現在を見つめようとする作家の狙いに沿って、現実的な雰囲気のなかでストーリーが展開していきます。

**現実的なトーン&ムードを持つ世界の最大の長所は、読者・観客がその世界に入り込みやすい**という点です。新しい世界が登場した際、読者・観客がまずはその世界を熟知しなければならない場合や、あまりに異質な雰囲気が漂っている場合は、とっつきにくく感じられるかもしれません。現実的なトーン&ムードは、新しく与えられた世界が今、私たちの暮らす世界と大きく変わらないという感覚を与え、気楽な気分にさせると同時に、多少新鮮な設定とも自然に混ざり合うことができます。新しい世界観をつくる際、いちばん取り入れやすい装置が現実的なトーン&ムードです。

## 悲観的／冷笑的

「大衆向けの物語はほとんどが現実的なのでは?」という声が聞こえてきます。はい、そのとおりです。しかし、悲観的で冷笑的なトーン&ムードの世界を維持する作品も多く存在します。かといって、これらの作品が悲劇的な結末を迎えることを意味するわけではありません。悲劇は作品のトーン＆ムードとは関係なく、いくらでも事件として起こり得ます。ここでいう**悲観的／冷笑的なトーン＆ムードとは、世界の〝未来〟が改善される兆しが見えない、全般的な雰囲気のこと**を指します。実際に絶望しているというよりは、「絶望しかない」という気運を生み出すトーン＆ムードとでもいいましょうか。

たとえば、『ゲーム・オブ・スローンズ』がそうです。「人間はみな死ぬ」という命題をわざわざ証明しようとするかのように、そして、「この世の誰も主人公になることはできない」が天命であるかのように、愛着が湧き始めたキャラクターが次々と命を散らすのが『ゲーム・オブ・スローンズ』の世界です。

ヒーローものでは、アマゾンプライムビデオのオリジナルシリーズ『ザ・ボーイズ』（２０１９～）を欠かすことができません。『ザ・ボーイズ』の世界は極めて現実的で、それゆえに一層悲観的です。この世界のヒーローたちは、エンタメ業界のタレントのようにカメラの前では立派なヒーローを演じていますが、その素顔は殺人、麻薬、性犯罪など、ありとあらゆる悪行を重ねる犯罪者で、罪の意識すら感じない極悪人です。

マーガレット・アトウッドの小説『侍女の物語』は、「もしも女性が子どもを産めなくなったら?」という仮定のもとに展開するディストピアものです。現実で差別に苦しむ女性の立場を、極右化の道を進んだ近未来という設定に置き換えて描いたこの作品は、作家の懸念を黙示録的な世界として具現化しており、読む者をゾッとさせます。

**悲観的なトーン&ムード**は、アポカリプス〔終末、大災害、キリスト教における黙示〕、ポスト・アポカリプスなどを描くディストピアものや、ハードボイルドスリラー、サイバーパンクのジャンルで主に見受けられ、未来に対する作家の懸念がトーン&ムードという形で表れています。

## 楽観的／肯定的

これとは正反対に、楽観的かつ肯定的なトーン&ムードを保つ世界観も存在します。

前述した『グッド・プレイス』は、地獄に落ちた主人公エレノアとその友人たちが、悪魔の計略によって天国行きを妨害される事件が頻繁に起こりますが、基本的には軽快で愉快なトーンを保っています。主人公たちにとって根幹となる部分は損なわれず、さらには悪魔ですら、見るに耐えないくらいの悪行はしないだろうという安心感を与えます。こうした**肯定的なトーン&ムードは、キャラクターに、より安心してのめり込めるようにするという長所**があります。

『ウ・ヨンウ弁護士は天才肌』（2022）の世界を思い浮かべると、こうしたトーン&ムードがより理解しやすいかもしれません。天才弁護士のウ・ヨンウは、自閉スペクトラム症を抱えています。ウ・ヨンウが優れた弁護士であることとは別に、自閉スペクトラム症を持つ人に対する現代社会での偏見と反応を考えると、この作中のほとんどの人物はウ・ヨンウに対して寛大で、理想的な関係を築いています。

ピンチの局面（主に法廷での攻防やロマンスにおいて）で、ウ・ヨンウの抱える障がいが言葉どおり障害物となることはありますが、彼女が接する人々と彼女を取り巻く世界は、基本的には現実よりもやさしく礼儀正しいといえます。ウ・ヨンウが自閉スペクトラム症によって無礼な扱いを受けたり、事件とは関係のないところで大変な思いをするところは、この世界では重点的に取り上げられていません。作品自体が、そのようなトーン&ムードで設定されていないからです。作中で一時ウ・ヨンウを陥れようとした同僚のクォン・ミヌですら、ウ・ヨンウの弱みとして利用したのは彼女の障がいではなく出生の秘密でした。

**肯定的なトーン&ムードの世界は、時間が経てば明るい未来、より進んだ未来が待っているという価値観を投影**しています。主人公は先天的な弱みを理由に挫折することなく、危機や葛藤が訪れたとしても、それは主人公の成長のための試練であり、主人公を完全に潰す類い（たぐい）の危険ではありません。

このトーン&ムードの事例としてぴったりな小説が、かわいらしくて進取果敢なヒーローもの『よく食べてよく戦う、キャプテン・ハニーバーン』（キム・ヨウル著）です。主人公である世界ランキング1位を誇るヒーローのジヨンは、体重の増加に比例して能力が増大する体質の持ち主です。しかし、大衆や男性の同僚ヒーローたちは、ジヨ

ンの強力なパワーを尊重するどころか、大きな体を嘲笑い、さらには父親もジョンに執拗にダイエットを勧めながら精神的に追い詰めます。このような状況でも、ジョンは女性の同僚ヒーローたちを襲う脅威に挑み戦います。あらゆる逆境をものともせず、主人公が終始一貫して軽快かつ明るいトーンを保ちながら世の中に立ち向かうストーリーは、読む者を勇気づけ、清々しい気持ちにさせます。

SFのサブジャンルである**サイバーパンク**が暗く厭世的な世界観を描く一方で、**ソーラーパンク**は相対的に明るいビジョンを描いています。ディストピアを主に描くサイバーパンクとは異なり、ソーラーパンクは、太陽エネルギーに代表される持続可能な再生エネルギーやエコ技術によって発展した豊かな未来を描き、その肯定的なビジョンがトーン&ムードにも反映されています。

# レトロ

レトロな世界観は基本的にノスタルジーが土台となっています。**郷愁を呼び起こす懐かしさ**が、この世界観の基調です。過去のある時点を再現したり、その時代の特定の要素を新しい世界に移し替えたりする方法で世界を実現します。このように、郷愁を誘う要素をもとに構築されたレトロな世界に流れる主たる情緒は、**ノスタルジックな哀愁と甘い感傷**です。

代表的なものに、tvNのテレビドラマ『応答せよ』シリーズ（2012〜2015）があります。『応答せよ1997』『応答せよ1994』『恋のスケッチ〜応答せよ1988〜』など、タイトルからもわかるように、このシリーズは昔の良き時代への懐かしさを呼び起こすドラマです。

シリーズでは、当時流行っていた音楽、好きだった人や憧れていた人物、昔はどこにでもあったけれど今ではレトロ風インテリアとして再評価されている製品、最近ではほとんど見ることのない家の造りや町の風景、暮らしなどが、登場人物や作中の事件と同じくらい重要な要素となります。『応答せよ』シリーズでは、これらの要素が視聴者から絶大な人気を獲得し、大きな話題となりました。

もちろん、過去を背景とした作品だからといって、すべてがレトロなトーン＆ムードを備えているわけではありません。数ある時代劇のすべてが、背景となっている時代への懐かしさにフォーカスしているわけではないのと同じです。

もし、レトロなトーン＆ムードを目指すのであれば、背景となる時空間と当時の技術や製品といった特定の要素に集中し、世界観に沿った幻想を呼び起こさなければなりません。少数の要素に集中せずに巨視的な視点から時代を俯瞰すると、その時代の実体と近くなり、レトロな感傷に浸りにくくなります。むしろ、より冷静にその時代を見つめるようになるでしょう。そのため、**レトロな世界観をつくる際には、集中すべき特定の要素以外は選択的に隠したり、軽く扱うこともあります。**

これは、創作者が細心の注意を払って繊細にアプローチすべきポイントです。時折、時代劇やフュージョン時代劇〔より創作の部分の多い時代劇〕などで、考証が甘い場面が出てきたり、背景となる時代の重要な歴史的事件が矮小化されていたり、その事件によって引き起こされた波及効果が省略されていると、視聴者のあいだで激しい賛否両論が飛び交うこともあります。

この問題に対する答えはひとつではないでしょうが、私の場合、現在ではない異なる時空間を背景に物語をつくるときは、プロデューサーとして、**「なぜこの作品は他の時代ではなく、その時代、その場所での話でなければならないのか」**を、絶えず意識するようにしています。特定の時期の特定の雰囲気を作品で扱う際には、このことを常に念頭に置いておけば、真に伝えたい話がトーン＆ムードに埋もれてしまうことはないはずです。

一方で、SF作家はこのレトロな基調を保ちつつ、未来の話を描きます。一般的にSFは、科学文明が現在の技術よりも高度に発達した未来社会の姿を描くと考えられがちですが、あるSFジャンルは、特定の時期の技術や文明が滅ぶことなく持続するという設定のもと、連続的に発展した未来の姿を描きます。産業革命時代の蒸気機関が発展し続けた未来を描いた**スチームパンク**（『ふしぎの海のナディア』『スチームボーイ』など）や、近代文明であるディーゼル機関が登場した時代をモチーフとした**ディーゼルパンク**が代表的です。

また、1980年代がすでに遠い過去となった現在では、カセットテープやIBMコンピュータなど1980年代を象徴する技術と製品が主流として存続している未来を描いた、**カセットフューチャリズム**が人気を得ています。このようなジャンルを総じて**レトロフューチャリズム**と呼んだりもします。

SFにレトロな観点のトーン&ムードが加わると、読者・観客は、この世界を〝冷たい〟と感じにくくなります。どことなく異質な事件や背景であっても、自分が経験した、あるいは自分が過去と認識している古い物たちがその空間で立派に役割を果たしていると、人は**心理的安定感**を得ます。

1989年の公開当時にセンセーションを巻き起こし、今でも**ニュートロブーム**〔ニュー（NEW）とレトロ（RETRO）を組み合わせた造語。ひと昔前のトレンドを再解釈して新しく楽しむこと〕のなかで依然大きな人気を誇る『バック・トゥ・ザ・フューチャー PART2』は、ペプシコーラ、空飛ぶスケボー、『ジョーズ』の3D看板など、当時流行した商品や文化、エンターテインメントの永続または発展を巧みに適材適所に溶か

JAWS 19

し込み、魅力あふれる未来像を描き出しています。

もうひとつの例として、アップルＴＶプラス配信ドラマ『セヴェランス』（２０２２）が挙げられます。近未来に暮らす主人公のマークは、とある事情で手術を受けた結果、会社に出勤すると記憶を完全に失い仕事用の人格になり、社外では会社での記憶を失い私生活の人格に切り替わります。彼の勤める会社の多くの人が、同じように生きています。このような殺伐とした近未来の風景のなかで、会社員たちはＩＢＭコンピュータを連想させる白いＣＲＴモニターを使用しており、奇妙でありながらどこかユーモラスな印象を与えます。

そして、このような装置には、高度に発達した未来社会に対する不安感を和らげる効果もあります。私たちがよく知っているもの、好きだったものは、時間が経っても残っているはずだと信じる気持ちがあるからです。その対象は物質かもしれませんし、精神的なものであるかもしれません。

レトロフューチャリズムをこよなく愛するストーリープロデューサー、イム・ミナは、このような**「慣れ親しんだものと馴染みのないものとのロマンチックな共存」**がレトロフューチャリズムの魅力であると、次のように語っています。

2022年の末に公開され大ヒットした、韓国5人組ガールズグループNewJeans（ニュージーンズ）の「Ditto（ディット）」のミュージックビデオがY2Kの感性をうまく取り入れたように、レトロフューチャリズムは、過ぎ去った時代の小物をそのまま使うのではなく、SF的な素材を混ぜ合わせることによって、より洗練したイメージに再構築することを意味します。

人間の脳は退屈を嫌いますが、新しいものばかりでも疲れてしまいます。この点、読者・観客を真新しいSFの世界観に素早く引き込むことができるのが、レトロフューチャリズムだといえます。たとえば、誰もが一度は使ったことのある（見たことのある）ダイヤル式の電話で宇宙人と交信するといったように。レトロフューチャリズムは、過去の郷愁を呼び起こす要素で見る者を切ない気分にさせると同時に、フューチャリズムの物語の特性が合わさり興味を引きつけられるという点で、実に魅力的な世界観です。

レトロなトーン&ムードで何よりも重要なのは、前述したとおり、他の情緒と同様に**〝なぜこれを使うのか〟を考えること**です。そうすることで、過去の郷愁を強調することも、未来で見続けたい価値を強調することも可能になります。

## 注意すべき点

ここまでトーン&ムードをカテゴリごとに紹介してきましたが、当然、ひとつの世界に100%ひとつのトーン&ムードだけが存在するわけではありません。主なトーン&ムードに他の補助的なムードが混ざることもあれば、膨大な世界観を持つシリーズの場合、後続編やリブート版の登場を機に、必要に応じてトーン&ムードが変わることもあります。

DCコミックスを映像化した『バットマン』シリーズが代表的な例です。1966年につくられた初のカラー映画『バットマン オリジナル・ムービー』は、カラフルな色彩やキャラクターの誇張された演技、表舞台で活躍するヒーローという設定などで、明るく愉快なトーン＆ムードを形成しました。ところが、1985年にティム・バートンが監督を務めた『バットマン』では、ティム・バートン特有の暗く幻想的な色彩が際立っています。ティム・バートンの他の映画の主人公たちのように、人見知りで内向的なブルース・ウェインの暗いイメージは、この作品で非常に大きな割合を占めています。

その後に登場した、クリストファー・ノーランの『バットマン ビギンズ』（2005）、『ダークナイト』（2008）、『ダークナイト ライジング』（2012）の3部作では、現実的なトーンが目立っています。すでに多くの人々の脳裏に深く刻まれている「ティム・バートンのバットマン」と、どこか釈然としない印象を与えた「ジョエル・シュマッカーのバットマン（『バットマン フォーエバー』（1995）など）」。どちらにも縛られたくなかったノーランは、不透明な未来のなかに一筋の光を見出す、まさにそんな世界をつくり出しました。それが、ノーランが現在から未来を見据えるトーン＆ムードなのでしょう。

# 第7章

# 設定

この章では、世界観の設定について話したいと思います。ストーリーコンテンツにおいて世界観をつくるということは、どんな意味であれ、私たちが暮らす現在の世界とはまた別の特定の枠をつくることを意味します。現実世界のような〝設定値〟や〝ルール〟が決まっていれば、それをわざわざ世界観という言葉で呼ぶ必要はありませんから。新しい世界を設定する際のスタート地点について、私は次のように考えます。

## What if ――もし〜だったらどうだろう？

現実世界とは異なる新しい世界をイメージするとき、そのスタート地点に立って、**〝もし〜だったらどうだろう？〟**と仮定してみましょう。新しくつくる世界の法則や約束事を考えてみるのです。この仮定、つまり〝What if〟は、読者・観客が疑念を抱くことなくストーリーについていくための大前提となるものです。

たとえば、映画化され大ヒットを記録した漫画家チュ・ホミンの原作ウェブ漫画『神と共に』は、**「もし、死んだ人の魂があの世で裁判を受けるとしたら？」**という仮定から始まります。この物語を楽しむためには、普段、人間の生と死についてどんな哲学を持っているにせよ、この作品を観るあいだだけは、「死後の世界なんてあるわけない、死神なんて嘘に決まってる、死んだら終わりだ」といった考えをしばし横に置かなければなりません。

これはすなわち、創作者にとって、作品の仮定を読者・観客に理解させることが何よりも重要であるという意味でもあります。読者・観客が現実ではあり得ないと思うような前提であっても、物語ではその仮定をすんなり受け入れられなければなりません。そうしてこそ、後に続く新しい世界に入り込めるのです。

**現実では不可能だけれど誰もが一度は想像したことがあるようなこと、普段あまり考えないようなことだけど多くの人の好奇心を刺激するようなこと、人間の根源的な欲望や恐怖心に触れること**を考え、仮定を設計するなら、読者・観客はその設定をより受け入れやすくなるでしょう。

前述の『神と共に』は、死後の世界を描いた物語です。死は人間が抱く根源的な恐怖であり、永遠なる未知の領域です。人は死ぬとどうなるのか、死後の世界があるなら天国と地獄はどんな光景なのか、自分はどこへ行くのか、などといった想像を、誰もが一度はしたことがあるはずです。死に対する恐怖を克服したいという、人類の宿年の願いが込められた想像でもあります。そのため、人々はおそらく大きな抵抗感なく『神と共に』の前提を受け入れられるでしょう。

『夜に訪れる救援者』や『スーキー・スタックハウス』シリーズ、『トワイライト』シリーズで見られる**「ヴァンパイアと人間が共存していたら?」**という仮定、『X-ファイル』『メン・イン・ブラック』のように**「妖怪、奇異、宇宙人を追跡する国家機関があったら?」**という仮定は、人外未知の存在に対する好奇心や期待、そして彼らとともに生きていく世界を思い描く浪漫あふれる世界観がもとになっています。

人ならざる存在との共存が、現実とはややかけ離れたファンタジーにもとづいた世界観であるのに対し、科学技術の発展によって変化した社会を仮定する世界観は、いつか訪れるかもしれないある未来に対する期待と恐れを映し出しています。こういった仮定は、ＳＦのストーリーコンテンツで特によく使われます。

小説『忘却する者に祝福を』（ミン・ジヒョン著）は、**「記憶を生々しく再生する機械が発明されたら？」**という仮定から出発します。ありとあらゆる欲望を持つ人々が、この機械で得た記憶をどのように使うのか、この機械のサーバーを手に入れた巨大な集団がどうやって記憶を利用し、その狭間で個人はどんな選択ができるのか……。この作品は、未来に存在し得るひとつの新しい機械を想定することで、事件を数珠つなぎに展開していきます。

もうひとつの例に、**〝クローン人間〟**があります。カズオ・イシグロの小説『わたしを離さないで』は、**「人間に臓器を提供するためのクローン学校が存在するなら？」**という仮定をもとにした物語で、後にどんでん返しが待っています。ＳＦではお馴染みのクローン人間を素材に、それらを大量に育てる学校が存在するという設定で、読者に背筋が凍るような衝撃を与えます。

『わたしを離さないで』のように、〝人間〟が何かの代替品になるという問題意識がダークファンタジーの世界観と相まってつくられた世界は、アニメ『約束のネバーランド』でも見られます。この作品では『わたしを離さないで』の主人公よりも幼い子どもたちが孤児院で幸せに暮らしており、子どもたちの面倒を見るやさしい〝ママ〟がいます。優秀な子どもたちは一定の年齢になると養子に出されるため、みな勉強に熱心に打ち込んでいます。しかし、実は子どもたちは養子として引き取られるのではなく、食人鬼の餌として出荷されるのです。この孤児院は、食人鬼の食料を育てるための農園だったというわけです。

食人鬼やクローンといった素材を使わなくても、**人間の尊厳が奪われる脅威に晒す**ことで、強い恐怖心を煽る仮定をつくることができます。命、またはそれに相当する富や階級などを手に入れるために、主人公が戦いに挑むといった設定です。

**「もし命懸けのデスゲームで人生の一発逆転を狙えるなら？」**という題材は、今や〝**デスゲーム**〟**ジャンル**のお約束となりました。『イカゲーム』『ハンガー・ゲーム』『300

〈スリーハンドレッド〉』『賭博黙示録カイジ』などは、極限の窮地に追い込まれた人物に勝者総取りの莫大な報酬を約束する狭き道を提示します。現代の資本主義社会を生きる人なら誰もが一度は想像してみたことのある、恐怖と夢が混在するシチュエーションではないでしょうか。

## 世界を動かすルールをつくる

仮定を置くことで世界の前提と基本の枠組みができたなら、今度はこの**世界を動かすルール**が必要です。この世界に登場する主要な人物、集団、場所、中心となる概念を定義し、そのルールをつくりましょう。

『神と共に』を再び例に挙げると、まず舞台は、**「もし、死んだ人の魂があの世で裁判を受けるなら？」**という仮定のもと基本の枠がつくられた世界です。そして次に、**「あの世での裁判」**がどう行われるのかを設計し、あの世の制度とそれを遂行する担当者を決めなければなりません。

『神と共に』の世界観では、あの世の裁判は「冥界の法」に従い、すべての人間は死後49日間に7つの地獄で7日ずつ、計7回の裁判を受けなければなりません。人間をあの世につれていく「冥界の使者」が存在し、形式的ではありますが冥界に入るための同意書も書かなければなりません。判事は閻魔大王が務め、弁護士も存在します。生前に人のために使ったお金の額によって、選任できる弁護士も変わります。使った額が少ない者には国選弁護士がつけられます。冥界では、〝殺人〟〝怠惰〟〝嘘〟〝不義〟など7つの地獄を仕切る十王がそれぞれ裁判を行い、審判を下します。もし各段階を無罪で通過できなければ、人間はそれぞれ該当する地獄に堕とされ、恐ろしい苦痛を受けることになります。

『夜に訪れる救援者』の世界は、「もしヴァンパイアが人間と共存していたら?」という仮定にもとづいています。この仮定のもとで世界を動かすには、**読者の疑問を解消するルール**を設定する必要があります。ヴァンパイアと人間は共存していますが、普段の生活では動線が重なることはありません。なぜならこの世界には、ヴァンパイアは生きている人間をみだりに攻撃してはならないというルールがあるからです。

しかし、どこにでもルールを守らない存在はいるわけで、そういったヴァンパイアを捕らえるハンター組織があります。最低2人1組で行動し、死の直接的な原因を提供したヴァンパイアのみを殺すことができるというハンター組織の運営方式や、皮膚が焼ける昼間には活動できず赤い十字架をシンボルに単独で活動するヴァンパイアの生活様式などが、この世界のルールとして設けられています。

世界を動かすルールをつくる際に留意すべき点のひとつは、〝**限界**〟**を設定する**ことです。〝限界〟をしっかり決めておくことで、然るべき状況で適切な危機感と緊張感を演出することができます。

## ■キャラクターの限界

まず、キャラクターの限界は、〝**役割の限界**〟と〝**能力の限界**〟に分けることができます。役割の限界とは、〝神〟と設定されているキャラクターが〝人間事〟に直接介入してはならない、といった設定のことです。『神と共に』では、冥界の使者は、いかに無念の死を遂げた人間であっても、その人間を現世に送り返すことはできません。冥界の使者の役割は、死んだ魂を無事に死後の世界に導くことだからです。

能力の限界は、スーパーヒーローを思い浮かべるとわかりやすいでしょう。アンソロジー『スーパー・マイノリティ・ヒーロー』に収録されている「キャプテン・グランマ、オ・ミジャ」（ポム・ユジン著）を例に挙げてみましょう。

作中の主人公オ・ミジャおばあさんは、生涯読み書きができませんでしたが、町のハングル教室でハングルを一通り学んだある日、紙に何かを書くと、そのとおりに実現する能力を手に入れます。ただし、書いたことがすべて叶うわけではありません。たとえば、死んだ人を生き返らせることはできません。病気の人を治癒することはできますが、その効果は永遠に持続するわけではありません。お金や天気も然り、オ・ミジャの能力には限界があります。

キャラクターがどの程度まで力を発揮できるのか、どのような状況で力が使えないのか、あるいは与えられた力がどんなときに失われるかなど、能力の限界を定めておかなければ、それこそ、何でもありのキャラクターになってしまいます。そうなると、都合よく能力が縮小したり消滅したりと一貫性がなくなり、世界の均衡が保たれません。物語の緊張感が失われるだけでなく、作品と読者・観客のあいだの信頼も崩れてしまうでしょう。

## ■主要な概念の限界

主要な概念にも限界が必要です。たとえば、タイムリープものでは、時間移動は何回までできるのか、どれほど遠い過去まで行けるのか、戻って来られない場合もあるのか、タイムリープをするときに世界や人物に変化やダメージがあるかどうかなど、**スムーズに事が運ばない限界点**をあらかじめ決めておく必要があります。そうすることで、限界に直面した際にどう突破するかを事前に考え、作品に自然に溶け込ませることができます。

ＭＣＵの世界観においても、宇宙を司る物質である〝インフィニティ・ストーン〟は無限のパワーを持っているかのように描かれていますが、このストーンを使う者の能力によってそのパワーは千差万別であるというように、限界が設定されています。

## つながりを持たせる

世界をつくる大前提と細かいルール以外に、もうひとつ重要なのは、**世界のなかの1つひとつの要素をつなげ合わせること**です。主要な人物を設定したら、その人物たちの相関関係を決める必要があります。好きなのか、嫌いなのか、愛憎の関係なのか、互いにどんな意味があるのか、序列や能力の優劣があるのかなどを設計しましょう。

ＭＣＵの例で見ると、アイアンマンとキャプテン・アメリカは、はじめは相性が最悪でしたが、アベンジャーズの結成後には次第に協力関係を築き結束を固めます。しかし、『シビル・ウォー／キャプテン・アメリカ』（２０１６）では、「ソコヴィア協定」をめぐる意見の相違から激しく対立します。

また、ＭＣＵの憎めない悪役ロキは、はじめは憧れや嫉妬から義兄であるソーとぶつかり、疾風怒濤の思春期の少年のように自己中心的で破滅的な行動を取る悪党として描かれましたが、『マイティ・ソー バトルロイヤル』(2017)を経てソーとの関係を回復し、長年のコンプレックスからも解放されます。『アベンジャーズ/エンドゲーム』(2019)では、最終的にソーとアベンジャーズの味方となり、サノスとの戦いに参加します。

『ピシク大学』の「05学番イズバック」では、ミンスはヨンナム、ジェヒョク、ジョングら先輩にいつも無視される序列最下位のキャラクターでした。しかし、20年後のパラレルワールドを描いた「05学番イズヒアー」では、ミンスは人気コメディアンとなり、ヨンナム、ジェヒョク、ジョングからセレブ待遇を受けるようになります。また、ヨンナム、ジェヒョク、ジョングの関係性も少しずつ変化しています。

人物以外に、主な設定のつながりを整理することも重要です。たとえば、メインとなる空間があるなら、その空間を主に使用する人物は誰か、空間のルールがどこまで影響を及ぼすのか、主要な概念と設定が世界観のなかでどのように結びついているかを明確にする必要があります。

SOKOVIA ACCORDS

ＭＣＵフェーズ４の１作目でありディズニープラスのオリジナルシリーズ『ワンダヴィジョン』（２０２１）は、ＭＣＵの世界観を滑らかに拡張した記念碑的なドラマです。１９５０年代から２０１０年代にかけて順番にシットコムのパロディを交えながらストーリーが展開します。

予備知識がほとんどないまま視聴していた私は、ホームドラマをオマージュしたＭＣＵの新しい企画物だと思っていましたが、実際はこの舞台は、あるきっかけにより大きなトラウマを抱えたワンダがつくり出した仮想の世界「ヘックス」だったのです。ワンダが現実改変能力を極限まで高め、ある街を丸ごとワンダの幻想（ヴィジョン）に置き換えてつくり出していたという設定です。

タイトルがある意味ネタバレになっているのですが、ワンダのパートナーに「ヴィジョン」というキャラクターがいるため、まんまと騙されてしまいました。現実を〝シットコム〟のように操作した理由は、ワンダが幼い頃に唯一幸せだった瞬間がシットコムを見ていた時期と関係があるからです。

さまざまな悲劇を経験したワンダは、生存本能からほぼ無意識のうちに、ウエスト

ビューという街でヴィジョンと子どもたちをつくり出し、幸せな結婚生活に書き換えていました。その後、魔女であるアガサ・ハークネスに出会ったワンダはヘックスを閉じ、魔術書「ダークホールド」の予言どおり大魔法師「スカーレット・ウィッチ」として覚醒します。

ワンダがつくり出したCMBR（宇宙マイクロ波背景放射）に囲まれた六角形の仮想空間ヘックスには、ワンダの表面的な幸せと隠された悲劇が共存しています。この空間では、ワンダはヴィジョンや子どもたちと幸せに暮らすことができますが、ヘックスの外郭へ行くほど、人々の動作は正常ではなくなります。ヘックス中央の住民たちも、時折正気に戻ると、苦痛に満ちた憂鬱な日々を過ごしています。結局、ヘックスはまるでヴィジョンのように、ワンダが再び自分の手で破壊しなければならない対象なのです。

また、スカーレット・ウィッチの誕生を予言する禁断の魔術書「ダークホールド」、ワンダをスカーレット・ウィッチとして目覚めさせる引き金となったアガサ、ワンダにとっては刹那の幸せであり現実逃避の場である〝ジットコム〟などがひとつの世界のなかで密接につながり、広がることで、『ワンダヴィジョン』の世界はより堅牢になっています。この世界で誕生したスカーレット・ウィッチが、今後MCUの世界観とどのようにつながっていくのか、観客は注目して見守ることでしょう。

# 第8章

# 世界観を構築する際の注意点

## 世界を正確に認識する

当たり前の話だと思うでしょうか？　それでも、だからこそもう一度強調したいと思います。創作者が思い至らなかった点が露呈することは、意外と多くのコンテンツの世界観で見受けられます。もちろん、はじめに世界観をつくる際、コンテンツの種類や戦略によっては、読者・観客の積極的な参加を促すために、あえて空白を設けることがあります。しかし、特別な理由がない限り、世界観を創作するにあたっては、その世界で重要な要素や特性をどこまで考慮するべきかを正確に認識しておく必要があります。

とはいえ、創作者がすべてを事細かに把握しなければならないという意味ではありません。すくなくとも、**世界の主軸となる人物、時空間、トーン＆ムード、設定とルール**くらいは把握しておくべきだということです。そうしなければ、世界観のなかで衝突が起こったり、物語の流れによって要素の特性が都合よくころころ変わってしまう恐れがあります。

仮に、閉鎖的な共同体をなしている村で数十年間人々が失踪しているという物語をつくるとしましょう。失踪の理由は、村の外れの湖に外界につながるポータルが存在し、そこを通じて宇宙人が人間をさらっているからという設定です。

孤立した村という神秘的な背景と、数十年間人々が行方知らずになっているというミステリー、その原因が実は宇宙人であるというジャンル的などんでん返しがある物語です。

タイトルは仮で『失踪者』とします。

次に行うべきは、この物語の世界観を構築するために**主な要素の属性を決める**ことです。

数十年にわたり村人が失踪しているのに、まだ大きな問題になっていないことから、この村には閉鎖的な共同体ならではの特徴があるはずです。宗教的な共同体かもしれませんし、血縁で結ばれていたり、代々続く利益集団かもしれません。このような設定を考えないまま、「近隣の村との交流がない閉鎖的な共同体なんだけれども何となくそうなった、これといった特徴はありません」ではいけないのです。

固有の特徴がなければ、数十年も閉鎖的な共同体のまま村が存続している理由や、連続失踪事件が起きているのに世間が無反応でいる理由が説明できません。このように、**必要不可欠な要素を正確に認識しなければ、作品の世界に矛盾が生じ、その世界が〝偽物〟のように思えてしまいます。**

ここで私たちは、村人をさらっていく宇宙人はどんな姿をしているのか、生活様式や知識レベルはどの程度か、科学の発展の度合いはどうか、なぜ人間をさらうのか、そして、この村の湖にポータルをつくった理由は何なのか、さらに、宇宙人は人間に対して敵対的なのか友好的なのかなど、宇宙人社会の特性を設計しなければなりません。また、このような出来事が起こる世界全体の雰囲気も設定する必要があります。

この世界の特性を充分に設計せずに物語を進めてしまうと、読者・観客は次々と疑問を抱くことになります。**物語の隙間を埋めようとするのが人間の頭脳の自然な働きであり、その隙間を埋めるのが世界観のディテール**です。もし、宇宙人に人間とは異なる能力があるなら、それを使って緊張感を生み出すことも可能です。おそらく、宇宙人はその能力を使って人間を拉致したのであり、ともすれば拉致は過程にすぎず、その後さらに別の何かが待ち受けているのかもしれません。

宇宙人の世界観をどのレベルまで詳細に設定するかは、**作品の方向性**を大きく左右します。科学的整合性を厳密に検証して宇宙人の世界観を構築することもできますし、より緩やかな体系で世界をつくることもできます。細かく論理的な世界設定のなかでリアルな没入感を与えたいなら、科学的に厳正な設計が必要でしょう。

一方で、設定の余白を残し、読者・観客がより想像力を膨らませて幻想的な世界に浸れるようにしたいなら、緩やかに世界を設計するという選択肢もあります。作品に触れた人にどう理解してほしいのかを創作者があらかじめ考えておけば、その世界観に必要な設定を正確に認識し、準備することができます。

## 世界の設定にとらわれすぎて物語をおざなりにしない

世界観をつくる理由は、結局のところ、よりおもしろくリアルな物語にするためです。そして、その物語の生命力をできるだけ長く保つことが目的です。しかし、世界観をつくる過程で、主客が転倒してしまうことがあります。たとえば、世界観の設計に過度に没頭してしまう場合です。

前述の『失踪者』の世界観を考えてみましょう。

この村には1950年代に勃発した朝鮮戦争後に生き残った人々が暮らしており、実は巫女が神権政治を行っていると仮定します。ところが、世界観をつくっていくうちに、この閉鎖的な村の歴史にフォーカスしすぎてしまうことがあります。巫女や村人の家系図まで詳細に設定し、日本統治時代、韓国併合へとどんどん遡っていくのです。

もちろん、作中に登場しない歴史を設定することも重要ですが、それはあくまでも作中の事件に必要な場合に限ります。宇宙人勢力についても同様です。この宇宙人の特性を決めるためには、彼らの種族の背景が必要ですが、5000万年前に宇宙に登場した時点から現在に至るまでの歴史を細かくつくり込む必要はありません。

この物語の主な事件は、宇宙人が村人を数十年にわたって拉致することです。その理由や、実際にいなくなった村人はすべて宇宙人にさらわれたのかといった謎を解くことがこの物語の主な目標です。当然、そこに行き着くために、宇宙人の目的やその目的を達成するための要素である能力、限界、倫理観、地球と人類に対する観点などは考える必要があるでしょう。

しかし、直接関係のない設定（宇宙人の結婚文化や政治制度、ポータルが何の物質でできているかなど）は、そこまで重点的に考える必要はありません。**事件と無関係な設定**が与えられると、読者・観客はその内容を世界観を構成する有意味な情報ではなく、物語という〝家〟のどこにはめ込めばいいのかわからない余分なもの、または**ノイズ**と捉えます。

## 主人公に必ず影響を及ぼすこと

『失踪者』の主人公の話をしていませんでした。個人的には、『失踪者』の主人公については2人の候補が考えられます。この村で生まれ育った高校生か、この村の近隣の交番に新しく赴任した交番所長です。前者は村の出身ですが、未成年者のため村の秘密や隠されたルールについては知りません。ですが、高校生になったばかりなので外の世界への好奇心があり、それによって積極的に行動できる立ち位置にあります。

もちろん、未成年者であるため制約も多いでしょう。一方、後者の場合は外部の人間なので、観客と同じ目線で村を観察し探ることができます。私なら、村の高校生を主人公にすると思います。交番所長は主人公の助力者として使えるかもしれません。

# 第 8 章 世界観を構築する際の注意点

宇宙人だけでなく、村にも何か秘密が隠されているという設定を考えると、主人公がこの世界観からよりダイレクトに影響を受けるポジションにいるほうが望ましいからです。

ロバート・マッキーが、著書『ストーリー ロバート・マッキーが教える物語の基本と原則』で述べたように、**物語とはひと言で、主人公が何かのために死ぬほど努力する過程**です。物語が進むにつれて、さまざまな試練や危機、成就を経験する主人公の姿を見ながら、私たちはその人物に感情移入し、物語を追っていきます。物語のなかで起こるすべてのことは、主人公を結末まで導くために仕組まれたものです。なぜなら、現実とは異なり、物語には明確な（少数の）主人公がいるからです。世界観も同様です。**世界観は、主人公に確実に影響を与えなければなりません。**世界観の構築に没頭するあまり、主人公とその世界の関係が疎かになるといった本末転倒が起こってはいけないのです。

そのため私たちは、世界と主人公の関係を常に念頭に置きながら世界観をつくらなければなりません。自分の属する共同体を信じ、純粋に生きてきた主人公が、成人を前にして村の奇妙な点に気づくとします。つまり、村についての世界観を完成させたとき、その村のルールに亀裂を生じさせるキャラクターこそが主人公であるというわけです。主人公はある劇的な出来事をきっかけにルールを知り、それに疑問を抱き、これまでいた場所を飛び出して冒険に出ます。

したがって、世界観をつくる際にはキャラクター、特に主人公をおざなりにしてはいけません。物語の設定や歴史、文化、経済、ルールなどをすべてつくり込んだ後にキャラクターが動き出せる話が浮かばない場合は、世界観を見直す必要があります。必要な要素が欠けていたり、不要な要素ばかりが目立つ世界観になっていないか、チェックしてみましょう。

また『失踪者』に戻りましょう。10代の主人公の親友が忽然（こつぜん）と姿を消せば、主人公はひどく動揺するでしょう。青少年時代の親友は家族よりも大切な存在ですから。ところが、この村ではある理由によって、これまで消えた人たちがあたかも自ら進んで村を出ていったかのように人々を欺いていました。主人公もそれまでそう信じていました。それが、親友がいなくなって初めて真実を目の当たりにします。日頃から何でも話せる気心の知れた親友が黙って村を去るはずがないことを、主人公は誰よりもよく知っているからです。

それにもかかわらず、村人や親友の親さえも失踪を否定します。主人公は次第におかしな人扱いされるようになりますが、親友の失踪、ひいては村全体の失踪事件を探るうちに、数十年間にわたって続いてきたこの村の根幹ともいえる、ある衝撃的なルールと秘密を知ることになります。その秘密とは……。

この先の展開はまだ考えていませんが、そのルールと秘密を知った瞬間、主人公の運命が大きく動き出すということは想像に難くないでしょう。

# Part III

# 世界観をどう活用するか

## 第9章

## スーパーIPの世界

## 多様なジャンルと媒体へ縦横無尽に広がる

ＰａｒｔⅡで見てきた内容を踏まえて入念に世界観を設計したなら、次は**世界観を活用する**番です。この世界観が、できるだけ長く生命力を維持するにはどうすればいいかを考えてみましょう。

ＰａｒｔⅠの第2章「世界観はなぜ必要か」で述べたように、しっかりと練られた世界観は人々を強く惹きつけ、すさまじい熱量をもって物語を拡張させる原動力になります。ここでいう〝物語〟の拡張とは、オリジナルストーリーと同じ媒体、同じフォーマットを使った単純な拡張だけを意味するのではありません。時間が経っても長いあいだ物語が続き、世界観が広がっていくことはもちろん重要ですが、**他の媒体や他の産業への展開もできればＩＰビジネスは爆発的な成長を遂げる**ことができます。

このように縦横無尽に広がっていけるＩＰを**〝スーパーＩＰ〟**と呼びます。

ひとつの世界観で物語がつながっていくことだけでも素晴らしいことですが、多様なジャンルと媒体に形を変えられるＩＰの力は実に驚くべきものです。その原作ＩＰのユニバースに属するコンテンツが出てくるたびに、原作ＩＰが再び注目を浴びるという好循環が生まれます。

２０２０年代に入ってから数年間は、**恋愛リアリティ番組**の春秋戦国時代でした。そのなかでも大変興味深かったのが、『恋するアプリ Love Alarm チャ！ チャ！チャ！』（２０２２〜２０２３）です。一般的な韓国の恋愛バラエティとは異なり、性別に関係なく好きな気持ちを表現できるところがとても新鮮でした。それ以外にも、他の番組にはない、この番組ならではの魅力がありました。

それは、２０１４年から２０２２年までカカオウェブトゥーン（韓国のテクノロジー大手、カカオが運営するウェブ漫画・ウェブ小説配信プラットフォーム）で連載されていた、作家チョン・ゲヨンの**原作ＩＰ『恋するアプリ』の世界観をもとにつくられたバラエティ**であるという点です。

ウェブ漫画『恋するアプリ』には、一度聞くと忘れられない印象的な世界観の設定があります。「恋するアプリ」は作中の主な設定として登場するアプリケーションの名前です。主人公のジョジョが高校2年生の頃に初めて登場したこのアプリは、半径10メートル以内に自分のことを好きな人がいるとアラームを鳴らします。アラームは匿名で表示されるため、半径内に複数人いる場合には、自分のことを好きな人が誰なのかはっきりとわかりません。

このおもしろい設定を柱に、『恋するアプリ』では登場人物が互いに恋をし、葛藤し、誤解しながら、さまざまな事件が繰り広げられます。ウェブ漫画を原作としたネットフリックスオリジナルドラマも制作され、２０１９年にシーズン1、２０２１年にシーズン2が放映されました。

ここまでは、よく見られるウェブ漫画の二次利用の成功事例です。ウェブ漫画が人気を博し、ドラマ化や映画化されるケースは今ではめずらしくありません。しかし、ウェブ漫画ＩＰを基盤とした芸能バラエティは、『恋するアプリ Love Alarm チャ！

チャ！ チャ！』が初めてでした。

これに留まらず、『恋するアプリ』はさまざまなフォーマットの事業に展開されています。ウェブ漫画作家に作業空間を提供し、作家の卵のための講義も行われる**「ウェブトゥーンカフェ」**がオープンし、「恋するアプリ」のアプリサービスと、ユーザーが直接登場人物をデザインできるシミュレーションゲームも開発されました。

さらに、ウェブ漫画、ウェブ小説作家5人の協業で、『恋するアプリ』の**世界観を拡張させたコンテンツ**も生まれました。2022年12月、カカオページとカカオウェブトゥーンで同時公開された3本のウェブ漫画と2本のウェブ小説は、『恋するアプリ』と同じロマンスに加え、ドラマ、ゾンビものなどさまざまなジャンルを網羅しています。そしてもちろん、これらの作品は『恋するアプリ』の世界観を共有しています。

2022年、作家のチョン・ゲヨンが「ウェブトゥーンカフェ」で講演を行った後、ポスタイプ〔韓国の創作系の投稿サイト〕に内容をまとめて発行した資料によれば、彼女はこうしたIP事業を直接行うために㈱ラブアラームという会社を設立し、事業化権を一手にコントロールしているとのことです。ひとつのIPで多様な試みをするということ、その責任をひとりで背負うということは、ある意味とてつもないプレッシャーになりますが、彼女はそれが自分には向いていて、むしろ楽しんでいると語っています。試してみたい、チャレンジしてみたいという気持ちも大きかったそうです。[14]

『恋するアプリ』の事例のように、スーパーIPに対するエンタメ業界の関心は絶大です。昔の作品が長期間にわたって人気を得て、ようやくシリーズ化やグッズ化に至っていたのに対し、近頃の大手エンタメ企業の多くは、IPを企画する初期段階からスーパーIPを念頭に置いて開発に着手します。そして、その**スーパーIPの開発で最も重視されるのが〝世界観〟**です。

ひとつのIPが同じ世界観をもとにフォーマットと媒体を網羅し広がっていくということは、とてもチャレンジングな試みであり、だからこそ大きな可能性を秘めてい

14　チョン・ゲヨン、「〈特別講義〉恋するアプリ：企画からIP事業まで」2022年8月24日

ます。物語ができあがったばかりのときは、その物語がどれほど愛されるか、どこまで拡張するか、どれくらいロングランするか予測しにくいものですから。

**綿密につくり込まれた世界観は人々の想像力をかき立てます。**だから創作者は絶えず考えます。この世界観を他のところに使えないだろうか？　この世界観でまったく違う形のコンテンツをつくれないだろうか？　どうすればこの世界観が忘れられないものになるだろう？

ある作品と、その作品の世界観を愛する人たちは、物語が続いていくことを願います。たとえそれが必ずしも自分が接したフォーマットでなくても。時にスーパーＩＰというものは、エンタメ業界において黄金の卵を産み続けるガチョウにたとえられたりします。ですが、コンテンツのファンにとっては、それは結果論に過ぎません。

人々から絶大な愛を注がれる物語、その物語の根幹をなす世界観があれば、誰もが永遠に楽しみたいと思うのではないでしょうか。だから今日もエンタメ業界は、〝世界観〟で無限の可能性を試すべく奮闘しているのです。

# 第10章

# 愛とファンダムの世界

## 巨大なファンダムを生み出す「世界観」

最終的に行き着くのは、やはり〝愛〟です。私たちがコンテンツ創作者であれ消費者であれ、あるいは、そのどちらにも当てはまるとしても、このように**世界観とストーリーテリングに関心を持ち、それを知りたいと思う究極の理由は〝愛〟**ではないでしょうか。

ある物語に魅了され、その世界を想像し、幾度となく頭のなかで思い描く一方で、その物語がどんどん広がっていく様を見たいと思うのは、つまるところ、その物語やその世界と恋に落ちたも同然です。

元アマゾンスタジオ戦略部門のグローバル統括責任者であり、シリコンバレーのベンチャーキャピタリストであるマシュー・ボールは、2021年に自身のブログで**〝エンターテインメント産業の3つの本質〟**について触れています。彼は、ディズニーのコンテンツを例に挙げながら、**第一に、ストーリーをつくって伝えること、第二に、そのストーリーが愛されるようにすること、第三に、その愛を収益化させることが、現在のエンタメ産業の本質である**と説明しています。[15]

エンタメ産業で愛、つまりＰａｒｔＩの第１章で説明したような**〝ファンダム〟を形成する**ことがなぜ大事なのでしょうか。

一度つくられたストーリーコンテンツは、それぞれの媒体によって多様な流通経路で世に送り出されます。漫画であれば紙あるいはウェブ漫画で、映画であれば劇場やＯＴＴプラットフォームで観ることができるでしょう。小説であれば、本の体裁を整えてオンライン、オフライン店舗で販売されます。そして、こうしてつくられたコンテンツは消費者から選ばれることになります。

コンテンツの創作者は、次の商品が出るまで、この消費者の選択ができるだけ長く、反復的に続くことを望みます。物語と恋に落ちた人々は、創作者の望みどおり、進ん

15　「２０２１年、エンターテインメント業の本質は何か」(ebadak.news) ２０２１年９月27日

でコンテンツを繰り返し消費するでしょう。そして、この反復的な選択においてもうひとつ重要なのは、**ファンが自ら好きなコンテンツを積極的に宣伝してくれる**という点です。それも、かなり効果的な方法で。

Ｋ－ＰＯＰグループの数多くのファン、ＥＢＳ〔韓国教育放送公社〕のスーパーコンテンツ〈ジャイアントペンＴＶ〉に登場する「ペンス」〔南極出身のペンギンキャラクター。10歳という設定だが毒舌キャラで幅広い世代から人気を集めている〕のファンクラブである「ペンクラブ」、２０２３年の韓国での映画公開を機に再び大ヒットした『ＳＬＡＭ ＤＵＮＫ（スラムダンク）』のファンダムなど、ジャンルや媒体を超えてコンテンツを深く愛する人たちは、自分の愛するコンテンツについて発信することをやめません。その情熱は二次消費につながり、二次創作に発展することもあります。その過程で新たなファンが流入し、コンテンツを愛する人同士、そしてその人たちとコンテンツとの間に、強い絆が生まれます。

このようなファンダムを形成するにあたって、〝世界観〟という要素は非常に効率的な役割を果たします。PartIの第1章「世界観って何だろう？」で話した、**人間の脳の習性（まったく関係のない個別の要素でも互いに結びつけて因果関係を見出そうとする）は、PartIIで説明した世界観をつくる要素（人物、時空間、トーン＆ムード、設定）と出会うことで爆発的なシナジーを生み出します。**

**K-POP産業は、人間の脳が〝互いに無関係に見える〟個別要素を結びつける際によりのめり込み、おもしろみを感じるという特性を実にうまく活用しています。**

たとえば、韓国の大手総合エンターテインメント企業HYBE〔旧ビッグヒットエンターテインメント〕は、**BTSの世界観**について、すべてを一度に親切に説明するのではなく、特定の要素ごとに区切ってファンに小出しで公開しました。

たとえば、BTSの公式Twitter〔現X〕にある日突然、**〝スメラルド（Smeraldo）〟**という聞き慣れない単語とともに、青い花を持ったソクジン〔BTSのメンバー〕の姿がアップロードされます。私のような一般人は気に留めないと思いますが、ファンはそうではありません。インターネットで検索してみると、〝Flower Smeraldo〟という名前のブログが見つかります。ブログの運営者は花屋の主人で、なんと花屋の開店日とＢＴＳの新曲発売日が一致しているのです。

そして、このブログの文章やＢＴＳのアルバムの歌詞、ノートに書かれた内容、ミュージックビデオの映像には、何度も〝スメラルド〟をはじめとする、花屋、ブログの運営者、新曲リリースを知らせる特定の日付など、共通のキーワードや設定が登場します。こうして散りばめられたヒントをもとに、その隙間を埋めていきながら、ファンたちは協力して巨大な世界観を完成させます。

この世界観は、アルバムや仮想コンテンツのみならず、ユニセフキャンペーンの一環として行われた国連での演説など現実世界にもつながっており、ファンはその流れを逃すことはありません。

このように、ＨＹＢＥは〝スメラルド〟の事例のように、完成形のＢＴＳの世界観ではなく、その一部だけを不親切に投げかけます。しかし、それは未完成の世界観に留まらず、かえってファンダムの求心点として作用します。

Part III

世界観をどう活用するか

# 第10章　愛とファンダムの世界

ファンの愛、ファンダムを得たコンテンツは、とてつもないパワーを発揮します。入念につくり込まれた世界観から生まれる〝拡張性〟あるコンテンツは、将来登場する〝新作〟だけに限られません。**ファンは、世界観を理解し何度も噛み締めるために、進んで〝旧作〟を購入します。**ＢＴＳの旧作販売量はＢＴＳの世界観の伏線が登場した２０１７年以降、急増しています。[16] これは、マーベルファンが映画を観る際に、ドラマシリーズで広がっていく世界観を追いかけながら、合間に旧作を復習して見逃したキャラや設定を探すのと同じ流れといえるでしょう。

韓国で２０２３年１月に封切られた映画『THE FIRST SLAM DUNK』も、原作の再ヒットをもたらしました。『ＴＨＥ ＦＩＲＳＴ ＳＬＡＭ ＤＵＮＫ』の原作漫画『ＳＬＡＭ ＤＵＮＫ』は、『週刊少年ジャンプ』で１９９０年から連載が始まり、韓国では１９９２年に『少年チャンプ』で公開されました。連載当時から絶大な人気を誇っていた上に、主人公の桜木花道（韓国ではカン・ベクホ）は、「破天荒な熱血成長キャラ」のモデルとして、30年が経った今でもストーリーコンテンツのキャラクターリファレンスに必ず挙がります。

これほど長い歳月が流れたにもかかわらず、原作者の井上雄彦が直接演出を手がけた映画が公開されるや、**興行成績はもちろんのこと、原作漫画の単行本や映画のメイキングブックの販売量も爆発的に増加しました。** ２０２３年2月14日時点で、韓国語版『ＳＬＡＭ ＤＵＮＫ』の新装再編版は売上１００万部を突破しました。10万部を超えればヒット作とされる韓国漫画市場の現実を踏まえると、驚くべき快挙です。

さらに、これに伴い**読者層**も広がりました。映画公開前の２０２２年までは、『ＳＬＡＭ ＤＵＮＫ』の主な読者層は30~40代の男性でしたが、映画公開後には20~30代の女性読者層が読者層全体の43・9%を記録し、公開前の10・3%から実に30%以上も増加しました。[17] 映画の公開に併せて販売されたグッズは連日完売となる人気ぶ

16 イ・ギフン、「ビッグヒットエンターテインメント（35820）」（Equity Research、ハナ金融証券）２０２０年9月16日、24頁

17 「[消えゆく漫画喫茶①]〝ＳＬＡＭ ＤＵＮＫ〟がもたらした漫画喫茶ブーム…追い風なるか」（dailian）２０２３年2月24日

りで、この原稿を書いている現在も上映されているほどのロングランを記録していま す。この熱気がいつまで続くか、気になるところです。
『THE FIRST SLAM DUNK』の公開後、それぞれのキャラクターの魅力をもとにファンたちによる二次創作が活発に行われ、何度も劇場に足を運ぶ人が続出しました。ファンは映画には出てこなかったエピソードに注目し、原作を読み返し、映画で新たに知ったストーリーを付け加えて物語を再構成します。

ファンに愛されたコンテンツは、マシュー・ボールが述べた〝エンタメ産業の3つの本質〟のうち、最後の段階にあたる収益へとつながります。ファンの立場で言い換えるなら、自分が愛するコンテンツの寿命が延びるのです。**人々が愛してやまない、いつまでも語りたくなるコンテンツを生み出すということは、そのコンテンツに命を吹き込むということ**です。こうして、創作者と享受者の双方にとって、好きなコンテンツがより長く、深く愛されるために、〝世界観〟が極めて重要な役割を果たすのです。

『マイティ・ソー』

『マイティ・ソー バトルロイヤル』

『メン・イン・ブラック』

『ロード・オブ・ザ・リング』シリーズ

## ゲーム

『フォートナイト』

『ホグワーツ・レガシー』

『リネージュII』

『スパイダーマン』シリーズ

『スパイダーマン：ノー・ウェイ・ホーム』

『300〈スリーハンドレッド〉』

『千と千尋の神隠し』

『ダークナイト』

『ダークナイト ライジング』

『007』シリーズ

『テールズ・オブ・サスペンス#39』＊

『バック・トゥ・ザ・フューチャー』

『バック・トゥ・ザ・フューチャー PART2』

『バットマン』シリーズ

『バットマン オリジナル・ムービー』

『バットマン ビギンズ』

『ハリー・ポッター』シリーズ

『ハワード・ザ・ダック』（邦題は『ハワード・ザ・ダック／暗黒魔王の陰謀』）

『ハンガー・ゲーム』

『ファンタスティック・ビースト』

『ブラック・パンサー』

『ブレイド』

『マイ・インターン』

## 映画

『アイアンマン』

『アバター』

『アベンジャーズ』

『アベンジャーズ／インフィニティ・ウォー』

『アベンジャーズ／エンドゲーム』

『アントマン＆ワスプ：クアントマニア』

『E.T.』

『インクレディブル・ハルク』

『インディ・ジョーンズ』

『ヴァンパイア・クロニクルズ』シリーズ

『V Wars』

『神と共に』

『ガーディアンズ・オブ・ギャラクシー』

『ガーディアンズ・オブ・ギャラクシー：VOLUME 3』

『風と共に去りぬ』

『コンスタンティン』

『THE FIRST SLAM DUNK』

『シビル・ウォー／キャプテン・アメリカ』

『スターウォーズ』

## ドラマ

『赤い袖先』

『イカゲーム』

『海街チャチャチャ』

『ウ・ヨンウ弁護士は天才肌』

『ヴィンチェンツォ』

『X−ファイル』

『応答せよ』シリーズ

『還魂』

『グッド・プレイス』

『ゲーム・オブ・スローンズ』

『財閥家の末息子』

『ザ・フラッシュ』

『ザ・ボーイズ』

『ストーブリーグ』

『セヴェランス』

『椿の花咲く頃』

『トワイライト』シリーズ

『ワンダヴィジョン』

## 漫画／コミック

『シビル・ウォー』

『シビル・ウォー：キャプテン・アメリカ』

『シビル・ウォー：スパイダーマン』

『シビル・ウォー：アイアンマン』

『SLAM DUNK（スラムダンク）』

『賭博黙示録カイジ』

## ウェブトゥーン

『神と共に』

『恋するアプリ』

## YouTube

『好きでやってるチャンネル』

『ピシク大学』（Psick Univ）

『B対面デート』

## ウェブ小説

『悪女は2度生きる』

『財閥家の末息子』

『デビューできないと死ぬ病気にかかってしまいました』

## バラエティ番組

『恋するアプリ Love Alarm チャ! チャ! チャ!』

『女子高推理部』

『大脱出』

『撮るなら何する?』

『無限に挑戦』

## アニメ

『スチームボーイ』

『ふしぎの海のナディア』

『ホワット・イフ…?』

『約束のネバーランド』

『砂の都市の人形たち』イ・ギョンヒ著 ＊

『退魔録』イ・ウヒョク著 ＊

『大スター』「χ Cred/t（カイ・クレディット）」イ・ギョンヒ著 ＊

『テセウスの船』イ・ギョンヒ著 ＊

『灰と水の泡』キム・チョンギュル著 ＊

『ハリー・ポッター』シリーズ　J・K・ローリング著

『忘却する者に祝福を』ミン・ジヒョン著

『ホビットの冒険』J・R・R・トールキン著

『指輪物語』J・R・R・トールキン著

『よく食べてよく戦う、キャプテン・ハニーバーン』キム・ヨウル著 ＊

『夜に訪れる救援者』チョン・ソンラン著 ＊

『わたしを離さないで』カズオ・イシグロ著

**〈ノンフィクション〉**

『サピエンス全史』ユヴァル・ノア・ハラリ著

『詩学』アリストテレス著

『ストーリー　ロバート・マッキーが教える物語の基本と原則』
ロバート・マッキー著

"Worldbuilding For Fantasy Fans And Authors"
（ファンタジーファンと作家のための世界設定）M・D・プレスリー著 ＊

# 本書で紹介した主な作品リスト

＊を付けた作品の日本語版は未発表

## 書籍

**〈小説〉**

『あの日、あの場所で』イ・ギョンヒ著 ＊

『おしゃれに解決いたします、白鳥クリーニング』イ・ジェイン著 ＊

『オズの魔法使い』ライマン・フランク・ボーム著

『温暖な日々』ユン・イアン著 ＊

『九厄のハサミ』「小さな羽ばたきを君に」ポム・ユジン著 ＊

『クィディッチ今昔』J・K・ローリング著

『氷と炎の歌』ジョージ・R・R・マーティン著

『三国志』陳寿著

『侍女の物語』マーガレット・アトウッド著

『スーキー・スタックハウス』シリーズ　シャレイン・ハリス著 ＊

『スーパー・マイノリティ・ヒーロー』
「キャプテン・グランマ、オ・ミジャ」ポム・ユジン著 ＊

『スカーレット』アレクサンドラ・リプリー著

**イ・ジヒャン**
漢陽（ハニャン）大学で映画、韓国芸術総合学校で芸術経営を専攻。ドラマ『タムナ ～Love the Island』をはじめ約10年にわたりドラマと映画の脚本を手がけ、ローカライズ会社でグローバルOTTプラットフォームのトランスクリエイターを務めた。韓国の制作プロダクション兼出版社である「安全家屋（SAFE HOUSE）」でチーフストーリープロデューサーとしてコンテンツの企画と開発を統括し、現在は電子書籍プラットフォーム「ミリーの書斎」でIPを企画・開発している。人の心を揺り動かす物語の力を信じ、創作者と市場の橋渡しをしながら、好きな物語が長く愛されるために必要なことを工夫し実践している。

**李　聖和**（イ・ソンファ）
大阪生まれ。関西大学法学部卒業後、会社勤務を経て韓国へ渡り韓国外国語大学通訳翻訳大学院修士課程修了（韓日科・国際会議通訳専攻）。現在は企業内にて通訳・翻訳業務に従事。第２回「日本語で読みたい韓国の本 翻訳コンクール」にて「静かな事件」で最優秀賞受賞。訳書に『静かな事件』『#発言する女性として生きるということ』（ともにクオン）、『わたしの心が傷つかないように』（日本実業出版社）、『シャーリー・クラブ』（亜紀書房）などがある。

熱狂的なファンを生み出す
**「世界観」のつくり方**

2025年３月10日　初版発行

著　者　イ・ジヒャン
訳　者　李　聖和
発行者　杉本淳一

発行所　株式会社日本実業出版社　東京都新宿区市谷本村町３−29 〒162−0845
編集部　☎03−3268−5651
営業部　☎03−3268−5161　振　替　00170−1−25349
https://www.njg.co.jp/

印　刷／堀内印刷　製　本／若林製本



ISBN 978−4−534−06172−0　Printed in JAPAN